本书是湖北省高等学校哲学社会科学研究重大项目
（20ZD108）资助研究成果；湖北省高等学校优秀中青年
科技创新团队计划项目（T2021046）阶段性研究成果。

民营企业
产业创新与人才
管理机制优化研究

以湖北咸宁高新区为例

柯　玲　著

知识产权出版社
全国百佳图书出版单位
—北京—

图书在版编目 (CIP) 数据

民营企业产业创新与人才管理机制优化研究：以湖北咸宁高新区为例 / 柯玲著. —北京：知识产权出版社，2022.7

ISBN 978 - 7 - 5130 - 8202 - 0

Ⅰ.①民… Ⅱ.①柯… Ⅲ.①民营企业—企业创新—研究—咸宁②民营企业—人才管理—研究—咸宁 Ⅳ.①F279.245

中国版本图书馆 CIP 数据核字（2022）第 097558 号

内容提要

面向当今创新发展的需求，本书旨在探索高新技术产业开发园区产业创新与人才管理机制如何优化的问题。本书对相关理论进行了阐述，对湖北省咸宁高新区民营企业产业创新与人才管理现状进行了调研。在此基础上，通过建立科学合理的指标体系对调研数据进行定量化分析，对咸宁高新区人才管理过程中存在的问题及成绩进行多维度、多层次分析，对产业创新与人才聚集耦合度分析模型进行了概述，进而构建高新区民营企业人才管理机制绩效评估体系，以实现最优的人才管理效应。

责任编辑：张水华	**责任校对：**王 岩
封面设计：智兴设计室·张国仓	**责任印制：**孙婷婷

民营企业产业创新与人才管理机制优化研究
——以湖北咸宁高新区为例

柯 玲 著

出版发行：知识产权出版社 有限责任公司		**网 址：**http://www.ipph.cn
社 址：北京市海淀区气象路 50 号院		**邮 编：**100081
责编电话：010 - 82000860 转 8389		**责编邮箱：**46816202@qq.com
发行电话：010 - 82000860 转 8101/8102		**发行传真：**010 - 82000893/82005070/82000270
印 刷：北京九州迅驰传媒文化有限公司		**经 销：**新华书店、各大网上书店及相关专业书店
开 本：720mm×1000mm 1/16		**印 张：**13.25
版 次：2022 年 7 月第 1 版		**印 次：**2022 年 7 月第 1 次印刷
字 数：210 千字		**定 价：**69.00 元
ISBN 978 - 7 - 5130 - 8202 - 0		

摘　要

　　我国民营经济近年来发展迅猛，已经成为国民经济的重要组成部分和最为活跃的经济增长点，是我国公有制经济的重要补充。由于各方面的原因，我国民营企业的生存环境和发展环境存在很多问题，这些问题极大限制了民营企业的健康发展。在这些问题中，人才机制不灵活是突出问题之一。

　　湖北省是中部崛起的重要战略支点，加快高新技术产业开发区建设是该地区高质量发展的重要途径，高新技术产业开发区中民营企业的创新发展至关重要，而企业创新发展离不开人才的优化管理。为此，必须结合本地区高新技术产业开发区的产业创新能力与人才管理现状和发展需求，探索产业创新与人才管理的相关机制，为本地区科技人才的合理利用以及开发区的健康可持续发展提供保障。

　　在分析湖北咸宁高新技术产业开发区（以下简称高新区）产业发展现状的基础上，运用层次分析法，构建了咸宁高新区民营企业产业创新绩效评价指标体系。以2010—2019年高新区民营企业发展统计数据为样本，对高新区民营企业创新绩效总体能力和四个一级指数在时间上的演变规律进行了探讨，并分析了这些演变规律产生的具体原因。

　　对咸宁高新区民营企业人才管理现状进行研究。阐述了人才管理的相关概念，包括人才管理的起源、人才管理的含义、人才管理的目标与内容以及人才管理的模式，并在此基础上对咸宁高新区民营企业人才构成现状进行了总体概述。对高新区民营企业人才创新价值进行评价，通过建立评价指标体系，采用熵权法确定指标的权重，然后采用TOPSIS法对高新区民营企业的人才创新价值进行了定性研究，研究表明咸宁高新区民营企业人才的创新价值相对于本省其他高新区的水平稍低，需要在以后的工作中采取相应的措施，以增强高新区人才创新价值和能力。在此基础上，对咸宁高新区民营企业人才的工作满意度进行了分析。阐述了工作满意度的相关含义、影响因素以及测量方法，采用问卷方法对咸宁高新区民营企业的人才满意现状进行了调查，根据调查数据对被调查者的工作满意度进行了定性和定量分析，并采用因子分析法对影响工作满意度的因素进行了计算。

以耦合协调为判别依据，探讨了咸宁高新区民营企业产业创新和人才管理绩效之间的相互关系，并进一步计算了咸宁高新区民营人才管理绩效指数，在构建二者耦合协调度计算模型的基础上，验证了近 10 年二者的耦合协调度指数。通过该指数可以发现，自 2013 年以来咸宁高新区民营企业产业创新与人才管理之间呈正向协调关系，尤其在 2017 年以后，二者协调度明显提升。

从人才留任意愿和人才流失两个方面研究了咸宁高新区民营企业人才流动的机制，概述了人才流动的含义、类型、特点以及研究内容，并在此基础上对咸宁高新区民营企业人才流失的现状及特点进行了总结。采用路径分析方法对咸宁高新区民营企业人才的流失原因进行了研究。通过对影响高新区民营企业人才流动的因素进行分析，结合相关研究成果确定了指标体系，根据指标体系中各变量之间的关系，建立了路径分析中回归方程系列。通过问卷方法获取各个变量的数值，采用 SPSS 中的相关工具进行参数计算，根据计算结果分析了各个变量对人才流失产生的影响方向及大小，在此基础上提出了防止高新区民营企业人才流失的对策。

基于人才个人特征的角度，采用 logistic 回归模型对咸宁高新区民营企业的人才留任意愿进行了研究。建立了反映人才个人特征的指标体系，并根据已有问卷信息获取的相关数据，以及因变量的数据类型特征，建立了 logistic 回归模型。采用 SPSS 软件中的相应分析工具对回归模型中的相关参数进行了计算，根据计算结果对各变量的影响力及其大小进行了分析，并根据显著性变量和不显著变量的特征提出了相应策略。

全面梳理了咸宁高新区涉及民营企业的人才政策，对这些文件从制定的时间、文件种类、文件的内容、适用的范围、适用的对象各方面进行了区分，在此基础上重点分析了人才政策的激励手段。首次运用语义数据挖掘工具，对咸宁高新区的人才政策（含通知、公告）进行了定量分析，从而揭示咸宁高新区人才工作的重点和工作效率。通过分析可以发现，咸宁高新区人才工作的绝大部分重心放在人才的引进上，与武汉东湖高新区和苏州高新区相比，在人才层次、人才工作面的丰富性、人才政策工具上都存在不足。

最后，提出了咸宁高新区民营企业人才管理机制的优化建议，包含优化目标、优化内容、优化措施三个层面；其中优化目标是站在湖北省或者全国高新区角度，对咸宁高新区民营企业人才管理机制提出的战略目标，而优化内容和措施力图给出咸宁高新区民营企业人才管理机制的建设路径。

目　录

1 绪 论

1.1 研究背景

目前我国经济进入高质量发展阶段，加上我国具有广阔的市场及丰富的人力资源，整体经济发展势头良好，而且社会稳定，各项制度也保持着明显的优越性。与此同时，我国的社会和经济发展中也存在一些问题，如地区发展不平衡、创新能力发展不足等。为了解决这些问题，也为了实现我国经济和社会高质量发展和可持续发展，我国"十四五"规划及远景目标纲要中提出了坚持创新驱动发展的要求。

坚持创新驱动发展是当今时代的主旋律，新的科技革命和产业升级更是对我国的科技创新提出了更高要求。科学技术是第一生产力，科技创新能力是决定综合国力的关键性因素，是实现我国社会经济发展目标的重要保障，也是增强国际竞争力的核心支撑。为了进一步深化供给侧结构性改革，增强"双循环"经济发展格局的活力，提升全球治理体系参与能力，必须加强科技创新，提升科技创新能力。

科技创新离不开人才，人才是科技创新的核心驱动力。在经济社会发展的实践中，必然会有大量的创新人才涌现，我们必须及时发现和用好这些人才，为他们提供更好的发展空间和平台，改革人才管理和激励机制，营造良好的人才发展环境。与此同时，现代社会科技水平越来越高，科学研究和技术创新越来越依赖于团队合作和精细分工，不同学科和部门之间的相互协作越来越广泛，因此人才聚集特别是在空间上的聚集对于一个地区科技水平的提高会产生重要的影响。

在科技创新的过程中，高新区扮演着重要的角色。一方面，高新区不仅聚集了大量的高科技人才，而且配备了相应的科研机构和技术培训部门，这些都是科技创新的智力基础。另一方面，高新区中的产业大多数为知识密集型和技术密集型产业，本身对科技创新具有基本的要求。因此，高新区不仅是科技创新成果的孵化器，也需要在生产过程中将科技成果进行转化和应用，即同时具备产、学、研等综合功能。正是由于高新区在科技创新方面的重要作用，我国"十四五"规划及远景目标纲要中提出了"强化国家自主创新示范区、高新技术产业开发区、经济技术开发区等创新功能""支持民营企业开展基础研究和科技创新、参与关键核心技术研发和国家重大科技项目攻关"等要求。

《中共中央、国务院关于新时代推动中部地区高质量发展的指导意见》中指出，中部地区要贯彻高质量发展的要求，以改革创新为动力，深化供给侧结构性改革，加快构建国内国际"双循环"相互促进的新格局，努力打造现代产业体系，推动中部地区的高效可持续崛起。"十四五"规划中也提出了"优化区域产业链布局，强化中西部承接产业转移能力建设"的要求。

我国民营经济近年来发展迅猛，已经成为国民经济的重要组成部分和最为活跃的经济增长点，是我国公有制经济的重要补充。但是由于各方面的原因，我国民营企业的生存环境和发展环境存在很多问题，这些问题极大限制了民营企业的健康发展。在这些问题中，人才机制不灵活是其中的突出问题之一。

湖北省是中部崛起的重要战略支点，加快高新区建设是该地区高质量发展的重要途径，高新区中民营企业的创新发展至关重要，而企业创新发展离不开人才的优化管理。为此，必须结合本地区高新区的产业创新能力与人才管理现状和发展需求，探索产业创新与人才管理的相关机制，为本地区科技人才的合理利用以及开发区的健康可持续发展提供保障。

1.2 研究目的与意义

面向创新发展的需求,本书旨在探索湖北省咸宁高新技术产业开发园区产业创新与人才管理机制。在对该产业开发园区产业创新与人才管理现状调研的基础上,通过建立科学合理的指标体系对调研数据进行定量化分析,对其人才管理过程中存在的问题以及成绩进行多维度多层次分析,并在此基础上创新人才管理和激励模式,以实现最优化的人才管理效应。

本研究的理论意义:

(1)从多个层面研究人才管理机制,建立人才管理机制分析和评价的多层次模型。首先从人才密度、人才数量和质量等方面对人才的创新价值进行评价,以判别人才的流动方向;其次是对产业园区的各项环境对人才的吸引力进行评价,以判别人才留任意愿;最后是对人才聚集与产业发展的协同程度进行评价,以判别人才与产业协同发展的原因。

(2)采用定量化方法对各个环节进行测评,以增强结果的科学性。采用基于熵权的 TOPSIS 法对人才的创新价值进行评价;采用因子分析法分析企业对人才的吸引力大小及相关因素;采用相关分析以及协同度分析研究人才与产业之间发展的协同性。这些定量化方法与定性分析相结合,丰富和完善了本领域研究的方法体系。

本研究的实践意义:

(1)优化开发园区的人才管理机制。通过本研究,可以发现本园区在人才招聘、管理以及人才发展方面存在的问题,同时结合本园区产业发展的需求,制定合理的人才政策,实现本园区人才聚集的最优化规模,为进一步提升园区的创新能力打好基础。

(2)提升开发园区的创新能力。优化人才配置,打造优秀的创新人才团队,是提高园区创新能力的基础和前提;同时,通过制定合理的激励机制,可以极大激发人才的积极性和创造性,使园区的创新能力获得极大提升。

(3)为其他开发园区人才政策提供借鉴。本研究成果可以根据实际进行推广，以便为我国其他产业开发园区的人才聚集和管理政策的制定提供借鉴。

1.3　文献综述

1.3.1　产业创新相关研究

（1）技术创新系统研究

对技术创新系统的研究，主要集中在技术创新系统的要素构成、系统的运行机理和机制、系统主体之间的协同、系统的动态演化等方面。例如，俞立平等（2021）采用面板门槛模型和回归模型，分析了技术市场厚度等因素对高技术产业创新的影响机制；Stephan 等（2017）采用定量分析方法，从行业特性方面论述了产业创新系统与技术创新系统的关系，分析了行业结构对产业创新系统的重要作用；许冠南等（2020）从科学、技术和市场等多角度出发，建立了多层联动的产业创新生态系统框架，并以3D 打印产业为例进行了实证研究；张克勇等（2021）通过 GEM 模型对我国的军民融合产业集群创新能力进行了评价，并针对不同地区产业集群的发展提出建议。

部分研究还涉及系统的创新主体、系统的创新网络、系统的创新过程、相关资源在系统中的作用等方面。例如，Samara 等（2012）通过对国家创新系统的定量分析，阐释了创新政策对创新绩效的作用；Berg 等（2019）通过案例分析，研究了基于专利的技术创新系统构建及其评估；谭劲松等（2019）基于社会网络分析方法，以企业为网络节点建立产业创新网络模型，以此来对产业创新系统的演进机制进行分析；叶琴等（2020）通过对我国生物医药产业合作申请发明专利数据进行统计，建立了不同时间的产业创新网络，并对该网络的演化和绩效进行研究。

（2）创新资源配置研究

对创新资源配置的研究，主要集中在资源配置对企业创新的影响、创新资源与企业创新绩效的关系、制度环境对资源配置和创新产出的中介作用、创新资源竞争、企业内部和外部创新资源的作用、技术多元化和研发对创新资源配置的作用等方面。例如，Demirkan（2018）通过对企业调取外部资源和内部资源的比较，分析了资源配置对企业创新的影响类型与程度；Zobel（2017）分析了企业基于创新竞争调用外部资源的过程，建立了多个要素之间的关系网络，并进行了验证；易明等（2019）采用 DEA 和 SFA 方法对我国不同时期高新技术产业的创新效率进行了统计分析，并根据研究结论提出了相关建议；武洋等（2021）研究了技术发展的不同阶段，不同知识溢出类型对高新技术产业创新效率的影响，并根据研究结果提出了相关建议；刘兰剑等（2020）采用不同时期我国相关产业的发展数据，研究了基于创新政策的产业创新生态系统评价方法及实践。

对创新资源配置的研究主要集中在创新资源配置的结构、特征、模式，创新资源配置对创新绩效和生产率的影响，创新资源配置效率及评价，创新资源配置效率的影响因素，创新资源投入与生产率之间的关系等方面。例如，刘韬等（2021）采用 DEA 方法测算了海洋高新技术产业协同创新效率，对相关影响因素的空间外溢特征进行了定量研究；吴卫红等（2020）采用面板数据研究了环境规制对产业技术创新绩效的影响，并提出了相应的应对策略；王海等（2021）基于产业政策的文本数据，通过分词识别对政策类型和效率进行了量化，研究了地方产业政策对行业创新发展的影响。

1.3.2　人才聚集相关研究

（1）人才聚集内涵特征研究

相关研究主要是对人才聚集的含义、特征、功能进行探讨。例如，Dayuan 等（1996）对人才聚集的特征和实质进行了探讨，认为人才聚集的途径主要是通过新技术、新思维和新信息来实现；卢卡斯（1989）通过研究发现，人力资本累计会引起人才的聚集，通过人才的聚集可以实现区域人力资源的优化配置，从而促进区域经济的发展；Feldman 等（2009）发现，如果知识交流的成本与转移和信息成本相互作用，那么该理论可以用来解释人才聚集现象；Farris（2008）认为如果一项新技术在经济发展过程中处于核心地位，那么该技术会影响人才聚集，同时纵向人才聚集模式会受到交易和分工活动的影响。

（2）人才聚集模式研究

相关研究主要是从不同的视角对人才聚集的模式类型、功能与作用等方面进行研究。如崔宗超（2018）总结了人力资本聚集效应的不同模式，并从服务理念、育人环境、绩效评价等方面提出了高层次人才培育模式的优化策略；张波（2017）总结了不同阶段的人才聚集模式的特点，分析了上海浦东高层次人才聚集模式的趋势，并在此基础上提出了进一步优化高层次人才聚集模式的建议；Scott（1988）采用不同的结构分析方法进行研究，认为人才聚集模式可以分为三种，分别是基于成本的纵向聚集模式以及中心到外围和知识共享的两种横向人才聚集模式；Krugman（1991）分析了产业与人才聚集的关系，对人才聚集的过程进行了界定，发现人才的流动并不是自由的，而是与报酬相关，在报酬的影响下产生聚集，形成中心—外围的人才聚集模式。

（3）人才聚集影响因素研究

相关研究主要是从不同角度总结影响人才聚集的因素以及作用机制。例如，刘莎等（2015）以河北省曹妃甸为例，从不同角度总结了影响人才聚集的因素及作用机制，总结了重点地区人才聚集的基本模式，提出了该区域人才聚集的路径；Taylor（1977）总结了影响人才聚集的因素，认为这些因素包括领导者能力、工作机会、消费者的意见、潜在的发展空间等；Palivos等（1996）认为人才聚集的原因主要有人才政策、经济规模、知识溢出效应以及工资水平等；Romer（2007）认为知识的溢出效应、国民收入、公共产品、个人收入、规模经济以及公共产品等要素为人才聚集的驱动力；Embehin等（2000）通过实地调研，将人力资本集中的主要驱动力归结为竞争环境；Sullivan（2005）研究了教育投资对人才聚集的影响，认为政府的教育投资一方面可以提高人力资源的技术水平，另一方面还可以促进人才的聚集，并导致这种聚集程度的加深；Tylecote（2006）研究了人才管理机制对人才聚集的影响，如人才招聘、人才吸引、人才激励等方面的制度都会对人才聚集有重要的影响；刘朝芳（2017）分析了人才聚集与政府行为之间的关系，总结了泉州市人才聚集中存在的问题，借鉴国外的相关经验提出了相关对策。

（4）人才聚集效应研究

采用定性分析和定量计算的方法，研究人才聚集对于社会、行业与企业产生的各种效应及其大小。例如，David等（1997）通过模型分析，发现人才聚集达到一定程度时会产生聚集效应，原因在于人才之间可以通过合作和优势互补来实现生产技术和模式的创新；Jacobs（2016）研究了城市吸引力和创新性人才的相互作用机制，总结了城市发展驱动人才聚集，反之人才聚集也会促进城市发展；Guthrie等（2004）分析了人才激励与绩效之间的关系为正相关，发现人才聚集效应在很多情况下会发生，并解释了人才聚集效应的形成路径；Venkatesh等（2009）从时空变化的角度，分析计算了人才的空间聚集对区域经济的影响，指出了人才聚集对区域经济发展的重要性；聂宇贤（2018）采用改进的生产函数模型分析了我国金融人才聚集和我国金融业发展的水平以及前者对后者的促进效应。

（5）人才聚集水平评价研究

通过建立评价指标体系，采用不同的数学模型对人才聚集的水平进行评价，也是人才聚集研究的重要内容。例如，何忍星（2019）总结了高素质人才聚集水平的测评方法以及产业园区智慧化测评指标，采用TOBIT模型分析了郑州航空港智慧化建设水平，并提出了该园区智慧化建设的政策建议；杨家林（2016）建立了一套人才聚集力评价的指标，并以北京为例进行了人才聚集力的纵向和横向分析；刘小平（2016）针对湖北省物流人才聚集效应，建立了多维度的评价指标体系，并用主成分分析法对湖北省各个地级市的物流人才聚集效应进行了计算；方守林等（2016）分析了河北省人才聚集存在的问题，采用TOPSIS方法对该省不同年份的人才环境进行了评价，提出了河北省人才聚集的相关建议；刘盟（2016）建立了人才聚集效应的系统模式以及人才聚集效应评价指标体系，采用统计方法对该地区不同时间的人才聚集效应进行了分析，提出了该区域人才聚集发展的策略。

（6）人才聚集与经济社会发展的协同耦合度评价

相关研究主要通过建立指标体系来计算人才聚集与社会经济发展的协同度和耦合度。例如，赵坤（2019）建立了基于灰色关联度的高校人才聚集与相关产业协调发展的评价模型，并进行了实证研究；芮雪琴等（2015）建立了评价人才聚集与经济发展相匹配的评价指标体系，研究了我国人才聚集及聚集效益与区域经济发展及发展效应之间的协同性；徐思思等（2018）建立了高新技术产业发展指标以及科技型人才聚集指标体系，用来测算二者的协同度，并以武汉市为例进行了计算；赵鹏程（2014）建立了人才聚集层次以及区域创新梯度的指标体系以及二者的耦合关联模型，分析了山西省人才聚集层次与区域创新梯度之间的相互影响；刘颖祺（2015）建立了高新技术产业集群发展水平指标体系，统计计算了该指标与人才聚集指标之间的协同度，对山西省人才聚集与相关产业集群的协调发展进行了定量分析；牛夏然（2015）采用耦合关联模型研究了山西省区域创新系统与人才聚集之间的耦合协调关系，并采用不同的方法对这两个系统的耦合关系进行了检验。

1.3.3 人才流动相关研究

（1）人才流动影响因素研究

人才流动受多方面因素的影响，因此很多学者都对此进行了相关研究。例如，Mobley 等（1979）研究了劳动力市场对人才流动的影响，发现不同的劳动力市场有不同劳动力类型，因而也会产生不同的影响；Holmes（1983）研究了人才流动与环境的关系，发现人才流动主要取决于环境，而不是个人意愿，这是由于人们想要找到更适合自身发展的环境；Levin 等（2001）将影响人才流动的因素归纳为个人、组织和社会因素，在这三个因素中，社会因素起着最重要的作用；Ham 等（1995）通过对影响人才流动的企业因素进行研究，发现主要的影响因素为人才个人因素、职务提升机会、企业的机理机制等；Gaertner 等（2000）通过实证研究发现，影响知识型人才流动的因素包括个人特征、工作满意度、工作安全感等；Jackson 等（2005）分别从经济、政治、文化、社会和家庭等多个层面研究了影响人才流动的核心因素，主要从心理学角度进行实践分析；Iverson 等（1999）研究了企业资源配置效率与员工流动之间的关系，发现由于人才的合理流动，企业的绩效得到了明显提高，合理的人才流动对企业的发展有利。

（2）人才流动环境研究

胡岩琳（2016）结合人才环境的相关理论，针对山西省的实际需求，建立了科技创新型人才环境的指标体系，运用主成分分析法分析了山西省人才环境的影响因素；Romer（2007）采用定量分析方法研究了不同因素对人才聚集的影响，认为人才聚集的影响因素主要有规模经济、知识的辐射、可支配收入以及政府法规等；詹晖（2017）以吉林省为研究对象，分析了影响该省人才流动的软环境因素和硬环境因素，采用灰色关联分析方法对这些因素进行了分析，在此基础上采用相关分析和回归分析方法对影响该省科技人才流动的微观因素进行了分析，并得出相关结论和建议；刘兵等（2017）分析了人才配置的影响因素，根据新闻报道中的相关数据，采用聚类分析方法对京津冀地区人才配置模式进行了探索，得出该地区人才配置影响因素及重要性排序，并对不同的配置模式进行了分类；牛夏然等（2014）分析了影响创新协同的相关因素，建立了促进创新协同的相关假设，在此基础上建立了创新协同产出函数，并以我国不同年份的面板数据为样本进行了实证研究。

（3）人才流失原因研究

人才匮乏与人才流失是人才管理中的重要问题，需要探讨其形成原因。孙久贺（2020）构建了基于计划行为理论的人才流失影响因素模型，采用相关分析和路径分析等方法对某公司的人才流失成因进行了定量化分析；王子娴（2018）通过问卷方式对企业员工流失的影响因素进行了调查，采用因子分析与相关分析法对调查数据进行了分析，探讨了员工流失的主要原因及对应策略；白娜（2018）通过问卷对西安中小民营企业的人才情况进行了调查，基于扎根理论对相关企业的人才匮乏发生机制进行了探讨；倪犇（2013）研究了中小民营企业人才流失的现状，并采用因子分析模型分析了影响人才流失的主要因素；赵心愿（2017）基于某企业的实证分析，研究了人才流失的主要原因及对策；段盼盼（2020）分析了某公司人才招聘中存在的问题，并提出了员工招聘的优化策略；Bevan（1987）通过研究发现，由于企业人才流失，相关人员所具备的技术随之流失，从而降低了企业的生产效率，也削弱了企业的竞争力，说明人才流失也会带来负面影响。

1.3.4　人才管理其他研究

（1）人才满意度及留任意愿研究

人才对工作环境的满意度以及人才留任意愿研究多采用调查方法获取数据，采用统计方法来进行定量分析。例如，许艺芹（2015）在对 L 公司的人才满意度进行调查的基础上，从物质和非物质激励方面对人才激励机制进行了优化设计；丁国良（2019）从个人与环境匹配的角度研究了高潜力人才留任意愿的影响因素，基于扎根理论对某公司相关人员的留任意愿进行了访谈与分析；魏玉敏（2015）通过问卷方式对河北省中小企业核心人才的工作满意度进行了调研，采用因子分析法对核心人才工作满意度的关键因素进行了探索；王程（2017）分析了创新型人才绩效管理存在的问题，对相关企业人才满意度进行了调查，采用相关分析和回归分析等方法对调查数据进行分析，提出了改善人才绩效管理的对策；胡雪雅（2019）分析了毕业生职业价值观在不同维度上的差异，采用因子分析方法解释了民营企业对毕业生的组织吸引力结构维度，并以陕西等三省数据为例进行了实证研究；柯尊杰（2015）构建了民营企业软实力评价的指标体系，通过层次分析法确定了各个指标的权重，并使用模糊综合评价方法对相关企业进行了评价。

（2）人才价值及激励研究

相关研究即建立人才价值评价指标体系对人才价值进行评估，建立人才激励量表，研究人才激励措施。例如，王馨等（2020）建立了创新型人才价值的评价指标，采用基于熵权的 TOPSIS 法对某企业的创新人才价值进行了评价；缪丽华（2018）通过问卷和访谈等方式对民营企业员工在职培训的现状进行了调查，分析了存在的问题及原因，提出了在职培训的对策；孙田江（2016）基于扎根理论分析了人才激励要素，开发了人才激励量表，采用定量化分析方法研究了物质层激励要素、发展层激励要素及情感层激励要素等对创新绩效的影响；赵恋恋（2011）总结了核心人才的特征并通过调查分析了某企业核心人才现状及问题并提出了改进策略。

（3）人才空间分布模式研究

相关研究即人才的空间分布及其特征与影响因素的研究。例如，杨洋等（2020）采用探索性数据分析方法以及空间回归分析方法，研究了江苏省工业企业人才竞争力的空间分布特征以及该现象形成的原因；张波（2019）采用空间统计分析方法，对我国（未计入港澳台地区）人才分布特点进行了时空特征分析，研究表明我国人才的分布存在明显的空间聚集性；王若宇等（2019）对我国 2000—2015 年高层次人才的时空分异特征进行了研究，在此基础上采用空间杜宾模型分析了中国高学历人才分布的影响因素；刘春虎等（2019）采用莫兰指数和 TAI 指数分析了我国科技型人才聚集的空间分布特征，并通过社会网络分析方法计算了不同年份的网络空间拓扑结构及子群分派，确定了人才聚集的核心区域；袁洪娟（2016）采用区位熵系数和空间自相关等统计方法研究了我国科技创新人才的时空分布特征，分析了人才聚集的空间溢出效应，并对影响科技创新人才空间分布的因素进行了分解与探讨；Krugman（1991）从地理学视角研究了人才聚集与产业聚集的关系，认为人才聚集会给区域发展增加活力，也会给区域内的产业带来发展动力。

1.3.5　研究现状述评

根据前面的阐述，国内外关于产业创新和人才管理的相关研究成果非常丰富。在产业创新方面的研究，主要内容有产业技术创新系统以及创新资源配置研究等；在人才管理方面研究内容更广，包括人才聚集相关研究、人才流动相关研究、人才价值评价及人才管理其他方面的研究等。这些方面的理论与方法研究成果，可以为本研究提供重要的依据，但是也存在一些不足或者较为薄弱之处，主要体现在以下几个方面。

（1）从研究对象来看，目前的研究既有人才管理的理论研究，也有实证研究。在实证研究方面，一般是针对某个国家或者某个行政区进行研究，研究这些区域范围内人才管理的影响因素以及与经济发展的相关关系等，很少有针对更小空间尺度的研究，如研究产业园区中的人才管理情况以及对产业园区相关产业的促进等。而高新技术产业园区的发展对于区域经济的发展无疑是十分重要的。

（2）从研究内容来看，目前人才管理研究内容涉及的要素较为齐全，如人才管理的含义、模式、效用、影响要素以及评价等诸多方面，但大多数都是选择其中的某一个或者几个要素进行研究，多个要素之间的综合研究工作较少，特别是对具体产业园区的综合研究较为薄弱，需要进一步加强。

（3）从研究视角来看，人才管理的研究既有静态研究，也有动态研究，也有一些研究工作涉及产业发展趋势的预测，但是针对具体对象特别是产业园区的人才管理质量以及人才聚集规模的预测等方面的研究较为少见，而这些工作对于产业园区产业发展以及人才政策的制定具有重要的参考价值。

（4）从研究方法来看，目前国内外对于人才管理的研究既有定性分析，也有定量研究，且定量化的方法应用得越来越广。但是具体的研究方法一般局限在少数几种经典统计分析方法，如因子分析、相关分析、耦合分析等，也有少量的空间统计分析方法的应用，但总体来说在方法上的创新还比较少见。

1.4　研究内容

本书的主要研究内容如下。

第一章为绪论。论述了本研究的时代背景，阐述了研究的目的和意义，对国内外相关领域的研究现状进行了概括与评论，确定了本书的研究内容与研究方法。

第二章为相关理论阐述。对书中的相关概念如民营企业、产业创新、人才、人才管理以及高新区等进行界定，对国内外关于人才管理机制的相关理论与模型进行分析与概括。

第三章为咸宁高新区民营企业产业创新现状。介绍了咸宁高新区及其民营企业的产业结构现状，并对高新区民营企业的产业创新能力进行评价。

第四章为咸宁高新区民营企业人才管理现状分析。概述了人才管理的基本理论，分析了高新区民营企业人才构成现状，通过调查数据对高新区人才现状进行了描述性统计分析，采取 TOPSIS 分析法对高新区人才的创新价值进行了评价，采用因子分析方法对高新区人才的工作满意度进行了分析。

第五章为咸宁高新区民营企业产业创新与人才管理机制耦合度研究。概述了产业创新与人才聚集耦合度分析模型，构建了高新区民营企业人才管理机制绩效评估体系，对高新区民营企业产业创新与人才管理机制之间的耦合度进行了分析。

第六章为咸宁高新区民营企业人才流动机制分析。概述了人才流动相关概念，分析了高新区民营企业人才流失的现状与成因，对高新区人才留任意愿进行了定量分析。

第七章为咸宁高新区民营企业人才管理机制分析。包括人才激励机制分析与创新人才绩效管理相关机制研究等内容。

第八章为咸宁高新区民营企业人才管理机制优化建议。

1.5　研究方法

本书将理论与实践相结合，采用定性分析与定量模型描述等方式，对咸宁高新区人才聚集机制进行研究，具体研究方法如下。

（1）文献法

通过对国内外相关文献的梳理与分析，可以了解当前产业创新与人才管理机制方面的研究内容、方法和模型，既可以借鉴前人的研究经验，以确定本研究的最佳切入点和研究内容，也可以发现研究中存在的一些问题，为研究的进一步完善提供帮助。

（2）调查法

本书的研究对象较为具体，需要获取详尽的第一手资料，因此需要通过访谈、问卷以及实地参观等调查方法对研究对象进行了解，以获取咸宁高新区民营企业产业创新与人才管理现状、人才价值、工作满意度、留任意愿以及人才流失原因等信息，作为后续研究的基础。

（3）统计分析法

本书在调查研究的基础上，建立了反映咸宁高新区民营企业人才管理特征的各类指标体系，采用多种统计分析法展开研究，如描述性统计、因子分析、相关分析、回归分析、时间序列分析、层次分析等，以全面反映高新区人才管理机制的动态和静态特征以及与区域发展的联动机制。

（4）系统分析法

产业创新与人才管理机制涉及多个层面的多个要素和多种关系，需要采用系统分析的思想，将咸宁市高新区民营企业产业创新与人才管理机制研究置于当前的社会和经济环境中，从多个维度和层次加以综合考察，从而为发现高新区人才管理过程中存在的问题、为制定科学的决策提供支持。

本章参考文献

［1］俞立平，万晓云，钟昌标，等．技术市场厚度、市场流畅度与高技术产业创新［J］．中国软科学，2021（1）：21-31.

［2］STEPHAN A，SCHMIDT T S，BENING C R，et al. The Sectoral Configuration of Technological Innovation Systems：Patterns of Knowledge Development and Diffusion in the Lithium-ion Battery Technology in Japan［J］．Research Policy，2017，46（4）：709-723.

［3］许冠南，周源，吴晓波．构筑多层联动的新兴产业创新生态系统：理论框架与实证研究［J］．科学学与科学技术管理，2020，41（7）：98-115.

［4］张克勇，庄媛媛，刘县美．基于 GEMS 模型下军民融合空间产业集群创新能力评价［J］．贵州大学学报：自然科学版，2021，38（2）：118-124.

［5］SAMARA E，GEORGIADIS P，BAKOUROS I. The Impact of Innovation Policies on the Performance of National Innovation Systems：A System Dynamics Analysis［J］．Technovation，2012，32（11）：624-638.

［6］BERG S，WUSTMANS M，BRING S. Identifying First Signals of Emerging Dominance in a Technological Innovation System: A Novel Approach Based on Patents [J]. Technological Forecasting and Social Change, 2019, 146: 706 – 722.

[7] 谭劲松, 张红娟, 林润辉. 产业创新网络动态演进机制模拟与实例分析 [J]. 管理科学学报, 2019, 22 (12): 1 – 14.

[8] 叶琴, 曾刚. 不同知识基础产业创新网络与创新绩效比较: 以中国生物医药产业与节能环保产业为例 [J]. 地理科学, 2020, 40 (8): 1235 – 1244.

[9] DEMIRKAN I. The Impact of Firm Resources on Innovation [J]. European Journal of Innovation Management, 2018, 21 (4): 672 – 694.

[10] ZOBEL A K. Benefiting from Open Innovation: A Multidimensional Model of Absorptive Capacity [J]. Journal of Product Innovation Management, 2017, 34 (3): 269 – 288.

[11] 易明, 彭甲超, 吴超. 基于 SFA 方法的中国高新技术产业创新效率研究 [J]. 科研管理, 2019, 40 (11): 22 – 31.

[12] 武洋, 高思嘉, 沈映春. 基于创新链视角的高技术产业知识溢出对创新效率的影响 [J]. 天津工业大学学报, 2021, 40 (2): 81 – 88.

[13] 刘兰剑, 项丽琳, 夏青. 基于创新政策的高新技术产业创新生态系统评估研究 [J]. 科研管理, 2020, 41 (5): 1 – 9.

[14] 刘韬, 吴梵, 高强, 等. 海洋高技术产业协同创新效率测度及空间优化 [J]. 统计与决策, 2021 (6): 109 – 112.

[15] 吴卫红, 盛丽莹, 刘佳明, 等. 环境规制对高耗能产业创新绩效的影响研究: 基于价值链视角的两阶段分析 [J]. 科技管理研究, 2020 (23): 248 – 254.

[16] 王海, 尹俊雅. 地方产业政策与行业创新发展: 来自新能源汽车产业政策文本的经验证据 [J]. 财经研究, 2021, 47 (5): 64 – 78.

[17] DAYUAN H, STEPHAN J. Economic Growth and Human Capital Accumulation: Simultaneity and Expanded Convergence Tests [J]. Economics Letter, 1996, 51 (3): 355 – 362.

[18] 卢卡斯. 论经济发展的机制 [J]. 货币经济杂志, 1989 (4): 156 – 162.

[19] FELDMAN M P, AUDRETSCH D B. Innovation in Cities: Science – based Diversity, Specialization and Localized Competition [J]. European Economic Review, 2009 (43): 409 – 429.

[20] FARRIS G F. A Perceived Study of Turnover [J]. Personnel Psychology, 2008,

24: 311 – 318.

[21] 崔宗超. 基于人力资本聚集效应的高层次人才培育模式与优化策略 [J]. 河南师范大学学报: 哲学社会科学版, 2018, 45 (4): 75 – 79.

[22] 张波. 高层次人才聚集模式: 浦东的实践与思考 [J]. 北京交通大学学报: 社会科学版, 2017, 16 (1): 70 – 77.

[23] SCOTT A J. New Industrial Spaces, Flexible Production Organization and Regional Development in North America and Western Europe [M]. London: Pion Limited, 1988.

[24] KRUGMAN P. Increasing Returns and Economic Geography [J]. Journal of Political Economy, 1991 (99): 483 – 499.

[25] 刘莎, 陈晨. 河北省曹妃甸等重点区域人才聚集动力机制研究 [J]. 合作经济与科技, 2015 (3): 84 – 85.

[26] TAYLOR L R. Aggregation, Migration and Population Mechanics [J]. Nature, 1977, 265 (2): 415 – 421.

[27] PALIVOS T, WANG P. Spatial Agglomeration and Endogenous Growth [J]. Regional Science and Urban Economics, 1996, 26 (6): 643 – 646.

[28] ROMER P. Endogenous Technological Change [J]. Journal of Political Economy, 2007, 98: 71 – 102.

[29] EMBEHIN J, SALONER G. Competition and Human Capital Accumulation: A Theory of Interregional Specialization and Trade [J]. Regional Science and Urban Economics, 2000, 30 (4): 373 – 404.

[30] SULLIVAN M. The Oxford Handbook of Innovation [M]. Oxford: Oxford University Press, 2005.

[31] TYLECOTE A. Twin Innovation Systems and Intermediate Technology: History and Prospect for China [J]. Innovation: Management, Policy and Practice, 2006, 8 (1 – 2): 62 – 83.

[32] 刘朝芳. 泉州市人才集聚中的政府行为研究 [D]. 泉州: 华侨大学, 2017.

[33] DAVID J H, ZARNOTH P. The Committee Charge, Framing Interpersonal Agreement, and Consensus Models of Group Quantitative Judgement [J]. Organizational Behavior and Human Decision Processes, 1997 (72): 137 – 157.

[34] JACOBS J. The Death and Life of Great American Cities [M]. New York: Random, 2016.

［35］GUTHRIE J P, HOLLESBE E C. Group Incentives and Performance: A Study Spontaneous Goal Setting, Goal Choice and Commitment ［J］. Journal of Management, 2004 (30): 263 – 284.

［36］VENKATESH B, GERHARD S. A Spatial Temporal Model of Human CapitalAccumulation ［J］. Journal of Economic Theory, 2009, 96 (1 – 2): 153 – 179.

［37］聂宇贤. 我国金融人才聚集对金融业发展贡献的实证研究 ［D］. 重庆：重庆理工大学, 2018.

［38］何忍星. 高素质人才聚集对产业园区"智慧化"建设的影响研究 ［D］. 郑州：河南财经政法大学, 2019.

［39］杨家林. 北京市人才聚集力评价研究 ［D］. 北京：首都经济贸易大学, 2016.

［40］刘小平. 湖北省区域物流人才聚集效应评价实证研究 ［J］. 西部经济管理论坛, 2016, 27 (3): 93 – 96.

［41］方守林, 唐飞. 河北省人才聚集机制研究 ［J］. 合作经济与科技, 2016 (2): 150 – 152.

［42］刘盟. 京津冀协同发展背景下区域人才集聚效应评价研究 ［D］. 天津：天津大学, 2016.

［43］赵坤. "双一流"背景下高校人才集聚与区域高技术产业协调发展评价研究 ［D］. 合肥：合肥工业大学, 2019.

［44］芮雪琴, 李亚男, 牛冲槐. 科技人才聚集与区域经济发展的适配性 ［J］. 中科科技论坛, 2015 (8): 106 – 110.

［45］徐思思, 张红方. 科技型人才聚集与高新产业协同度研究：基于武汉市的分析 ［J］. 武汉理工大学学报：社会科学版, 2018, 31 (2): 113 – 119.

［46］赵鹏程. 人才聚集层次与区域创新梯度的相互影响研究：以山西省为例 ［D］. 太原：太原理工大学, 2014.

［47］刘颖祺. 山西省高新技术产业集群与科技型人才聚集协同发展研究 ［D］. 太原：太原理工大学, 2015.

［48］牛夏然. 山西省科技型人才聚集与区域创新系统的关系研究 ［D］. 太原：太原理工大学, 2015.

［49］MOBLEY W, GRIFFETH R, HAND H, et al. A Review and Conceptual Analysis of the Employee Turnover Process ［J］. Psychological Bulletin, 1979 (86): 517.

[50] HOLMES A B. East Africa: Tansania and Kenia: In the Committee on the International Migration of talent [M]. New York: Praeger Publishers, 1983.

[51] LEVIN R, ROSSE J. Talent Flow: A Strategic Approach to Keeping Good Employees, Helping them Grow, and Letting them Go [M]. San Francisco: A Wiley Company, 2001.

[52] HAM P, GRIFFTEH R. Employee Turnover [M]. Cincinnati: Cincinnati South – western College Publishing, 1995.

[53] GAERTNER S. Towards an Integrated Theory of Determinants and Processed Underlying Employee Turnover: Review, Critique, Integration and Longitudinal Empirical Investigation of Two Streams of Research [D]. Atlanta: Georgia State University, 2000.

[54] JACKSON D J, CARR S T. Exploring the Dynamics of New Zealand's Talent Flow [J]. New Zealand Journal of Psychology, 2005, 34 (7): 110 – 118.

[55] IVERSON R D, BUTTIGIEG D M. Affective, Normative and Continuance Commitment: Can the 'Right Kind' of Commitment be Managed? [J]. Journal of Management Studies, 1999, 36 (3): 307 – 333.

[56] 胡岩琳. 创新驱动战略下山西科技创新型人才环境实证研究 [D]. 太原: 山西财经大学, 2016.

[57] ROMER P M. Endogenous Technological Change [J]. Journal of Political Economy, 2007, 98 (8): 71 – 102.

[58] 詹晖. 吉林省科技人才流动影响因素及作用机制研究 [D]. 长春: 东北师范大学, 2017.

[59] 刘兵, 曹文蕊, 梁林. 京津冀人才配置关键影响因素识别及模式研究 [J]. 科技进步与对策, 2017, 34 (19): 41 – 46.

[60] 牛夏然, 牛冲槐, 牛彤. 科技型人才聚集下的创新协同及其影响因素研究: 基于2000—2012 年我国省际高技术产业的面板数据 [J]. 科技管理研究, 2014 (24): 112 – 117.

[61] 孙久贺. XYFZ 公司人才流失成因分析及应对策略 [D]. 淄博: 山东理工大学, 2020.

[62] 王子娴. 邯郸市民营企业员工流失问题及对策研究 [D]. 邯郸: 河北工程大学, 2018.

[63] 白娜. 基于扎根理论的中小民营企业人才匮乏发生机制与对策研究: 以西安中小民营企业为例 [D]. 西安: 西北大学, 2018.

［64］倪犇. 中小民营企业核心人才留用机制研究［D］. 北京：华北电力大学，2013.

［65］赵心愿. 中小民营企业人才流失及对策：基于 X 企业的实证研究［D］. 西安：陕西师范大学，2017.

［66］段盼盼. 中小民营企业员工招聘体系优化研究：以山东省 T 公司为例［D］. 西安：西北农林科技大学，2020.

［67］BEVAN S. The Management of Labor Turnover［R］. Institute of Manpower Studies. Brighton，1987.

［68］许艺芹. L 公司研发人才激励机制研究［D］. 长沙：湖南农业大学，2015.

［69］丁国良. 个人—环境匹配对高潜人才留任意愿的影响研究：以 DF 公司为例［D］. 济南：山东大学，2019.

［70］魏玉敏. 河北省中小民营企业核心人才工作满意度研究［D］. 邯郸：河北工程大学，2015.

［71］王程. 民营企业成长期创新型人才绩效管理研究：以 CE 自动化设备有限公司为例［D］. 重庆：重庆师范大学，2017.

［72］胡雪雅. 民营企业对 90 后高校毕业生的组织吸引力研究：基于职业价值观差异视角［D］. 兰州：兰州财经大学，2019.

［73］柯遵杰. 民营企业软实力评价体系的构建及应用研究［D］. 重庆：重庆工商大学，2015.

［74］王馨，陈妮，赵雅雯. 基于熵权 TOPSIS 法的企业创新型技术人才价值评价［J］. 沈阳：东北大学学报：自然科学版，2020，41（12）：1788 − 1793.

［75］缪丽华. 民营企业员工在职培训现状及对策研究［D］. 济南：山东大学，2018.

［76］孙田江. 民营医药企业研发人才激励及其对创新绩效的作用机理［D］. 济南：山东大学，2016.

［77］赵恋恋. 山东省 WX 集团核心人才开发研究［D］. 青岛：中国石油大学，2011.

［78］杨洋，黄晶，刘文逸，等. 企业人才竞争力的空间分析特征及驱动力研究：以江苏省工业企业为例［J］. 人力资源管理，2020（6）：104 − 110.

［79］张波. 2000—2015 年中国大陆人才的空间聚集及时空格局演变分析［J］. 世界地理研究，2019，28（4）：124 − 133.

［80］王若宇，薛德升，刘晔，等．基于空间杜宾模型的中国高学历人才时空分异研究［J］．世界地理研究，2019，28（4）：134 – 143.

［81］刘春虎，曹薇．科技型人才聚集的空间结构差异分析与核心区域研究［J］．科技管理研究，2019（1）：32 – 38.

［82］袁洪娟．区域科技创新人才集聚的空间溢出效应研究［D］．济南：山东财经大学，2016.

［83］KRUGMAN P. Target Zones and Exchange Rate Dynamics ［J］. Quarterly Journal of Economics，1991，106（3）：669 – 82.

2 研究基本理论与分析方法

2.1 基本概念

2.1.1 人才

人才指具有一定的专门知识和较高技术、能力，能够以自己的劳动，帮助人类认识、改造自然和社会，对人类的进步做出某种较大贡献的人。我国自古就是一个重视人才的国家，"人才"一词最早出现在《诗经·小雅》中，"君子能长育人材，则天下喜乐之矣"，意思是君子如果能够培育人才，天下人就非常喜欢他。中共中央办公厅、国务院办公厅印发《关于进一步加强高技能人才工作的意见》（中办发〔2006〕15号）指出："只要具有一定的知识或技能，能够进行创造性劳动，为推进社会主义物质文明、政治文明、精神文明建设，在建设中国特色社会主义伟大事业中做出积极贡献，都是党和国家需要的人才。"

2.1.2 民营企业

民营企业是一个具有中国特色的名词，它是指在我国的经济所有制中，相对于公有制企业而言的一种企业类型。民营企业在我国有广义和狭义之分，狭义的民营企业单指私人企业和以私营为主的联营企业，而广义的民营企业则是指除国有独资、国有控股外，其他所有类型的非国有独资的企业。因此，从广义上说只要没有国有资本，均属民营企业。

民营企业是一个企业，因此它也是一个法人组织，在我国，与民营企业对应的还有一个名词——民营经济，它们都是一种经济活动或者经济形式。按照《中国火炬统计年鉴（2019）》中的分类，咸宁高新区民营企业是指除去国有企业外的集体企业、股份合作企业、联营企业、有限责任公司、股份有限公司、私营企业、港澳台投资企业、外商投资企业等。

2.1.3 产业创新

创新是指创造新兴事物，拉丁语中的"创新"包括更新、创造和改变三层意思，而经济学上的创新则是指建立一种新的生产函数，促使生产要素重新组合。从内容上说，创新包括理论创新、管理创新和技术创新。

产业创新是指在产业发展过程中因为某一项技术创新而形成一个新的产业，或者因为产品需求变化以及企业间竞争压力，对一个产业进行彻底改造。在许多情况下，产业创新并不是一个企业单独的创新行为，而是一个企业群体联合创新行为或者结果集合。一般来说，产业创新可以通过产业转移、产业集群、产业融合等模式完成。

2.1.4 人才管理机制

20世纪90年代，美国麦肯锡公司开始进行人才管理研究，并在《人才战争研究》一书中首次提出"人才管理"一词。Farley（2005）比较明确地阐述了人才管理概念，即所谓人才管理，实质是一系列发挥员工价值的过程，其核心是如何有效"吸引、聘任、培养和保留人才"。人才管理的本质就是结合组织发展目标，开发组织中人的潜能和提高人的素质。管理机制是指管理系统的内在联系、功能及运行原理，包括系统的运行机制、约束机制和动力机制。

因此，政府或企业的人才管理机制，是指区域或企业的人才引进、人才使用、人才激励、人才考核、人才工资待遇、人才淘汰退休、人才培养等具体方面的组织、管理及制度建设的总称。

2.2 基本理论

2.2.1 扎根理论

扎根理论的方法起源于格拉斯和斯特劳斯两人于 20 世纪 60 年代，在一家医院对医务人员处理即将去世病人的观察，从而总结形成的一种在系统收集整理一手实地资料的基础上，探寻反映社会现象本质的核心概念，然后通过这些概念之间的内在联系建构相关系统的社会理论。

扎根理论对社会现象的研究一般分成五个步骤：获取原始资料，并产生初始概念；分析、比较概念，寻找与概念有关的理论；分析比较概念间的关系，建立概念之间的联系；通过理论抽样检验结果的全面性；建构相关理论。

扎根理论强调对研究对象开展研究不能有预期性的假设，应该在实地考察的基础上，从实际情况入手，对原始数据资料进行综合和概括，因此该理论具有无可比拟的丰富性、真实性和有效性。

目前扎根理论已经广泛应用到商业管理模式（刘禹，2020）、教育管理机制（王俊，2017）、体育运动组织模式（张俊勇，2017）、文化传播模式（陈国森，2014）等管理机制应用研究上。

2.2.2 激励理论

激励理论，即研究如何调动人的积极性的理论，是指在企业人力资源管理过程中，通过运用合理的方法和机制，充分满足组织中的人的各种需要，调动组织中的人的积极性，将员工对组织及工作的承诺最大化的过程。激励理论的根本目的在于激发人的正确行为动机，调动人的积极性和创造性，以充分发挥人的智力效应。

根据重点关注的对象不同，激励理论又可以分成内容激励理论、过程激励理论、行为激励理论等不同分支。内容激励理论主要研究激励要素的具体内容，即起到激励作用的具体要素，奥尔德弗的 ERG 理论、马斯洛的需求层次理论、赫茨伯格的双因素理论都是典型的内容激励理论。过程激励理论主要研究激励发生作用的心理过程，代表理论有弗鲁姆的期望理论、亚当斯的公平理论等。行为激励理论主要研究如何改造人的行为，从而发挥人的积极性，主要有斯金纳的强化理论和亚当斯的挫折理论。

2.2.3 耦合理论

耦合理论最早广泛应用于物理学各个领域，是指两个或者两个以上相互独立但级别相同的要素子系统，通过相互作用或者部分因素影响整体，最终演变形成一个新的更高级的复合系统的过程。

随着研究对象的不断扩大，耦合理论不仅在物理学上得到广泛应用，在机械、农业、生态、地理领域的应用也越来越广泛。同时，耦合理论认为系统各要素相互耦合会引起系统整体的高阶进化，因而能激发系统内部各要素的更大潜能。系统耦合程度越高，新系统结构就越合理，系统生产力的提高程度就越大，因此耦合理论也被广泛应用到与人有关的各种社会学领域。

2.3　主要分析方法

2.3.1　主成分分析法

主成分分析法是指在充分考虑多元变量的基础上，把复杂多变的因素进行归纳总结进而形成主成分指标，从而把复杂问题的过程简单化。这是一种降维处理思想，该方法的主要过程就是在评价一个问题的时候，将多元化的指标逐步转化为少量综合性指标，形成问题的主成分，这些主成分指标一方面要保证信息不重复，另一方面要保证被评价对象的大部分信息能够准确且直观地反映出来。

主成分分析法能够排除人为因素、次要因素的干扰，从而使评价过程简洁、易操作，同时使评价结果具有客观性，适用于那些系统性强、指标之间紧密相关的评价体系，故在各种领域被广泛应用。本书在评价高新区企业员工流失问题时用到了主成分分析法。

2.3.2 相关分析法

相关分析法是对随机变量进行相关方向判断，并对相关程度进行定量计算，以判断被研究的随机变量之间是否存在相关关系的一种统计学方法。被研究的随机变量之间的相关关系一般是通过相关系数来辨别的。

通过相关性计算，相关系数的绝对值在 0 与 1 之间。一般情况下，如果相关系数为正，那么表示被计算的两个变量之间的相关关系是正相关；如果相关系数为负，那么被讨论的两个随机变量之间的相关关系是负相关；极少情况下，相关系数为 0 或者趋近于 0，表示被讨论的两个随机变量之间没有相关关系。本书将相关分析大量用于人才聚集与产业发展、企业离职原因和离职规模之间关系的分析中。

2.3.3 AHP 分析法

AHP（Analytic Hierarchy Process）分析法，又称多方案决策方法，简称层次分析法。它是由美国运筹学家 T. L. Saaty 在 20 世纪 70 年代提出的。AHP 分析法的基本思路是把那些复杂的被评价要素划分成相互联系的有序层次，使之条理化，利用矩阵计算方法，按照每一层次元素的相对重要性次序进行权值计算，通过所有层次之间的总排序计算所有元素的相对权重，并进行排序。

AHP 分析法广泛应用于我国社会经济各个领域，本书在研究咸宁高新区人才政策绩效、产业创新绩效中都用到了这种分析方法。

2.3.4 路径分析法

路径分析法最早由美国遗传学家 S. 赖特在 20 世纪 20 年代创立，之后被引入社会学的研究中，并发展成为社会学的主要分析方法之一。与物理学或者图论中的"路径分析"不同，路径分析法是一种研究多个变量之间多层因果关系及其相关强度的方法。

　　路径分析法最主要的目的，是通过检验一个假想的因果模型的准确和可靠程度，来测量变量间因果关系的强弱程度。本书在确定高新区企业职工离职因素、高新区人才竞争力时将用到该种方法。

2.3.5　TOPSIS 分析法

　　TOPSIS 分析法在我国经常被称为优劣解距离法，它是 Technique for Order Preference by Similarity to an Ideal Solution 的缩写。它由 C. L. Hwang 和 K. Yoon 两位学者在 20 世纪 80 年代提出，是一种基于逼近理想解的组织内多属性决策方法。该方法的基本过程是：首先建立多属性决策方案的正、负理想解；其次构造备选方案；最后通过两个极端解之间的距离测度，来判断备选方案与理想解的距离。如果方案距正理想解的距离测度小，而距负理想解的距离测度大，则认为方案为优。如果被检测的方案距负理想解的距离测度小而距正理想解的距离测度大，则认为方案为差。

　　TOPSIS 分析法常常与熵值法一起，成为权重计算的一种优选方法，本书将这种方法用于咸宁高新区民营企业人才政策绩效评估研究中。

本章参考文献

　　［1］徐文苓，田雪峰. 中小企业员工激励存在问题及解决对策研究［J］. 现代企业文化，2010（30）：96 - 988.

　　［2］MAROOFI F，GHOLAMIZAD N. Supplementary Effects of Networks and Clusters on Firm Innovation［J］. Journal of applied sciences，2015，15（2）：343 - 354.

　　［3］北森研院，中国人民大学劳动人事学院. 人才管理：中国人力资源管理新纪元［J］. 北京：北森研院，中国人民大学劳动经济，2010（6）：18 - 21.

　　［4］马飞剑. A 公司人才管理体系的构建研究［D］. 厦门：厦门大学，2019.

　　［5］SECHULTZ T W. Investment in Human Capital［J］. The American Economic Review，1961（5）：1 - 17.

　　［6］BAKER G. Distortion and Risk in Optimal Incentive Contracts［J］. Journal of Human Resources，2003（4）：87 - 90.

　　［7］陈新平，何冰. 管理［M］. 北京：中国物资出版社，2003.

　　［8］王先玉，王建业，邓少华. 现代企业人力资源管理学［M］. 北京：经济科学

出版社，2003.

[9] 崔平毅. 地方高校高层次人才管理机制研究：基于广东省部分本科院校的分析 [D]. 湛江：广东海洋大学，2018.

[10] 蒋莹，陈斐. 高校海外高层次人才引进现状与优化对策研究：以江苏省为例 [J]. 科技管理研究，2014 (24)：107 – 111.

[11] 张文桥，王浣尘，陈明义. 风险、控制与人力资本投资 [J]. 上海交通大学学报，2004 (3)：438 – 440.

[12] 王通讯. 人才最佳创造年龄规律 [J]. 中国人才，2008 (5)：31 – 32.

[13] HSILAI H. Study on Influence of Labor Management Relations on Operational Performance [J]. Journal of Information and Optimization Sciences，2011 (33)：323 – 326.

[14] 喻琼. 基于激励理论的城乡结合部村干部队伍建设研究：以 N 市 C 镇为例 [D]. 南昌：江西师范大学，2020.

[15] 胡三敦. 新形势下欠发达地区高素质村干部队伍建设 [J]. 天水行政学院学报，2009 (6)：235 – 236.

[16] 赵桐. 基于激励理论的职员薪酬制度优化研究：以日照市 S 开发区为例 [D]. 曲阜：曲阜师范大学，2020.

[17] 葛芙瑞. 事业单位人力资源管理绩效考核探究 [J]. 管理观察，2019 (9)：116 – 118.

[18] 葛娟娟. 基于耦合的艾比湖流域社会经济 – 生态环境协调研究 [D]. 乌鲁木齐：新疆大学，2020.

[19] 黄琼. 基于人本理论的政府公共人才管理机制研究 [D]. 杭州：浙江工业大学，2013.

[20] 梅士伟. 基于扎根理论的高校腐败治理机制研究 [D]. 吉林：吉林大学，2020.

[21] 李友志. 基于扎根理论与 TRIZ 的成熟期产品创新改良设计研究 [D]. 武汉：湖北工业大学，2020.

3 咸宁高新区民营企业产业创新现状

3.1 咸宁高新区基本情况

咸宁市素有湖北省的"南大门"之称，是长江中游城市群重要节点城市，是华中的"中心城"，素有武汉的"大花园"之称。咸宁市由嘉鱼县、崇阳县、通城县、通山县、赤壁市、咸宁高新技术开发区共"一市一区四县"组成，总面积 10 033 平方公里，全市总人口约 265 万。咸宁市作为湖北"1＋8"城市圈的重要成员，毗邻武汉，较其他城市与武汉联系更为紧密，有着"香城泉都，温馨咸宁"的美誉，是长江绿色经济和创新驱动发展带中的新兴生态城市。

3.1.1 咸宁高新区交通区位状况

咸宁高新区区位优越。高新区处在长江经济带主要节点位置，是武汉、长沙、南昌三大省会城市经济区的地理中心，具有贯通南北、连接东西的地理优势。

咸宁高新区交通便利，极具物流优势。高新区周围有国道 G106、G351 和 G107，以及蕲嘉高速、咸通高速等 8 条高速公路纵横交错，其中 G106、G107 国道交汇于高新区，京珠高速、沪蓉高速、大广高速和杭瑞高速连接线从高新区穿越而过，另有京广高铁、京广普铁、武咸城铁从高新区周边贯通南北，武咸城铁可直达武汉天河机场；128 公里长江黄金水道围绕高新区依境东流，水路距武汉港 80 公里、阳逻港 90 公里，可以实现江海联运。

3.1.2 咸宁高新区经济资源状况

高新区所在的咸宁市享有"温泉之乡""桂花之乡""楠竹之乡""茶叶之乡""苎麻之乡"等美称；全市已发现59个矿种，矿产资源较丰富，其中有9种矿产居湖北省同类储量之首。此外，建材矿产如水泥灰岩、冶金白云岩、饰面石材、建筑石料、黏土、河砂资源丰富，矿泉水资源前景较好。

咸宁市人力资源丰富，使得高新区拥有中部地区低廉的企业建设和运营成本。全市有湖北科技学院、咸宁职业技术学院和咸宁职业教育（集团）学校等18所大中专院校，这些院校每年有近3万毕业生。另外全市有近百万富余劳动力和产业工人为咸宁高新区提供充足的用工保障。

3.1.3 咸宁高新区营商环境状况

咸宁高新区生态环境优越。园区全年空气质量优良天数达300天以上，森林覆盖率、城区绿化率达到50%左右，是闻名全国的中部"绿心"。

高新区硬件设施完备。土地标准为"七通一平"，市政设施完备，通信设施齐全，物流网络成熟，城市金融、商贸、文化教育、医疗卫生等服务功能集聚。高新区公租房、人才创新创业公寓，为企业高管、员工提供了住房保障。水、电、气供应充足，基础设施条件佳。

高新区软环境优化明显。近年来，咸宁高新区深入推进工业项目"零审批"、证照分离、"先建后验"、招商引资"十七条"、促进民营经济"二十二条"、重点项目"一事一议"等优惠政策，对招商项目实行全生命周期服务，高新区已成为扶持企业力度最大、优惠政策最多、投资成本最低、行政审批最快的区域之一。

3.2 咸宁高新区民营企业产业结构现状

咸宁高新区始建于2006年7月，国务院于2017年2月批复咸宁高新区晋级为国家高新技术产业开发区。据《咸宁高新区"十四五"发展规划》显示，"十三五"时期，咸宁高新区经济总量平均每年保持20%左右的增幅，主要经济指标实现倍增。2019年底高新区总体规划面积369平方公里，综合实力在湖北省12个国家高新区中连续3年排名第5位，其中进位增速排名全国第2。10余年来高新区引进了立邦、光宝等一批世界500强企业及红牛、南玻等一批行业100强企业，培育了桑德、奥瑞金等一批上市公司，已形成智能装备制造、电子信息、新能源新材料、生物医药、食品饮料五大特色产业集群。目前高新区有高新技术企业100余家，建立了一批博士后工作站、院士工作站、重点实验室、研究院。

3.2.1 食品饮料产业状况

我国是全球较大的饮料消费国和生产国。在所有饮料行业中，包装饮用水占比最大，近年来茶饮料、功能饮料等新型饮料比重逐年迅速递增。"十三五"时期我国饮料总产量保持12% ~15%的年均增速发展，广东省、四川省、湖北省位列饮料产量前三名，广东佛山三水区从生产"健力宝"起步，先后聚集了百威啤酒、青岛啤酒、红牛饮料、伊利牛奶等两百多家食品饮料企业，被誉为"中国饮料名镇"。而湖北咸宁与广东佛山、福建厦门、河北承德被称为"全国四大饮料聚集区"。

3.2.1.1 产业总体规模情况

咸宁高新区食品饮料产业发展始于2005年的红牛饮料生产基地的签约建设。"十三五"以来，咸宁高新区提出积极壮大"一瓶水"产业，咸宁依托咸宁高新区不断发展壮大食品饮料产业。到2019年，食品饮料产业实现工业总产值71.46亿元，占高新区规模以上企业的40%，总共实现税收11.5亿元，占高新区规模以上企业的7成以上，带动就业2 100多人。其中红牛饮料一家，实现年工业产值40亿元，占高新区规模以上企业总量的22%，占整个"一瓶水"产业总量5成以上，产业龙头税收效应显现。

3.2.1.2 产业龙头企业情况

从横向规模上看，以红牛饮料为龙头，将产业由单一的饮料行业向白酒、制罐等食品饮料行业扩展，聚集了奥瑞金等制罐企业、今麦郎等茶产品饮料企业以及黄鹤楼、八月花、天源生物、开泰酒业、荣恩堂酒业等一大批酒业企业聚集，真正实现了"一瓶水"产业做大做强。根据咸宁高新区 2019 年规模以上企业统计报告，2019 年高新区规模以上企业共 112 家，食品饮料规模以上工业企业共 10 家，占比 9%，配套产业链规模以上企业 5 家，实现总产值 76 亿元。

3.2.1.3 产业链结构情况

咸宁高新区以饮料、茶饮品、制罐、酒业为核心，带动了食品饮料产业配套产业布局优化，产业链不断完善。先后有奥瑞金制罐（三片罐）带动华源包装（彩印铁及包装）、立邦涂料等企业先后落户高新区投产，奥瑞金制罐带动奥瑞金包装（两片罐）、奥瑞金饮料和捷通食品等食品饮料关联企业相继配套建成投产，基本形成了食品饮料生产→食品包装较为完整的产业链条（如图 3-1）。

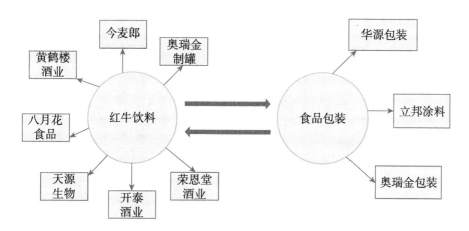

图 3-1 咸宁高新区食品饮料产业链示意图

3.2.2 电子信息产业状况

信息技术是当今世界经济社会发展的重要驱动力，以此为基础的电子信息产业是国民经济的战略性、基础性和先导性支柱产业，对于促进社会就业、拉动经济增长，乃至维护国家安全都具有十分重要的作用，已经成为许多国家尤其是发达国家的支柱性产业之一。总体来看，经历了 2009 年至 2011 年的调整和复苏，从 2013 年开始全球电子信息产业已经开始进入稳步发展的上升阶段。

3.2.2.1 产业总体规模情况

咸宁高新区电子信息产业在咸宁市"打造华中电子信息基础材料基地和光电子信息产业基地"的战略背景下，围绕物联网、大数据、云计算等重点产业链，规模化发展物联网相关硬件、基础电子、光电，创新研发集成电路、数字通信等产品，电子信息产业基础逐步夯实。2019 年高新区电子信息产业共有各种企业 30 余家，工业总产值近 15 亿元。

3.2.2.2 产业龙头企业情况

咸宁高新区现有各种电子信息制造企业 30 余家，规模以上企业 15 家，就业人员 5 300 多人。其中湖北三赢兴智能光电科技有限公司、湖北华特红旗电缆有限公司、光宝科技（咸宁）有限公司、湖北智莱科技有限公司主营业务收入超亿元，为咸宁市建设国内一流的光通信技术研发基地、新型显示基地、光纤光缆生产基地、国家网络安全人才与创新基地打下坚实基础，见表 3-1。

表 3-1 咸宁高新区电子信息产业龙头企业基本情况表（2019 年）

企业名称	工业总产值 /万元	税收 /万元	用电量 /万千瓦时
武汉喜玛拉雅光电科技股份有限公司	6 160	60. 148	28
武汉市建成电气有限公司	6 099.8	209. 42	12
湖北华耀达电气有限公司	4 279.6	230. 23	21.88
湖北三赢兴智能光电科技有限公司	26 543	470. 39	183
湖北亚坤电力设备有限公司	2 240	19. 716	18.8
湖北宏捷电科技有限公司	221	11	3
泓硕电子科技（咸宁）有限公司	2 088	324	72

数据来源：《咸宁高新区财政局财政数据统计年报》（2019）。

3.2.2.3 产业链结构情况

基础电子模组。以光宝科技（咸宁）有限公司、湖北奕宏精密制造有限公司为龙头，形成以摄像头模组、显示模组、声学组件等环节为骨干，以电池模组、触控模组、新型印制电路板和覆铜板材料为支撑，以射频模组、整机组装、终端系统环节为导向的消费电子产业链。

新型显示。以湖北友邦电子材料有限公司、湖北智莱科技有限公司为龙头，重点发展激光电视、便携式投影机、影院级投影机、微型投影机、电子触摸屏、军事用途激光显示等配套设备制造产业链。

智能终端。以光谷南科技城、瀛通电子、三赢兴为龙头，发展新一代移动智能终端产品、可穿戴终端产品及智慧教育、智慧交通、智慧语音、智慧安防、智能家居等领域智能终端产品，以形成完整终端产品产业链。

物联网相关硬件。以武汉喜玛拉雅光电科技股份有限公司、湖北三赢兴智能光电科技有限公司等企业为龙头，开展物联网在智能电网、智能交通、智能物流等方面的推广应用。

3.2.3 新能源新材料产业状况

近年来，国内重大工程建设及传统产业升级对新材料的需求持续增长，新材料产业呈现蓬勃发展的态势。根据工信部的研究预计，我国新材料产业在 2025 年总产值将达到 10 万亿元；并保持年均增长 20%；到 2035 年总体实力将跃居全球前列。随着材料科学与生物学、医学、电磁学等领域交叉融合的日益普遍，新材料在信息工程、能源产业、医疗卫生行业、交通运输业、建筑产业等领域的应用也越来越广泛，新材料产业将迎来新一轮快速增长期。

3.2.3.1 产业总体规模情况

近年来咸宁高新区按照"坚持新能源大规模利用和分散利用相结合，坚持新能源高效生产和装备开发相结合，提高新能源保障程度和利用水平"等原则，积极推进新能源新材料产业发展，产业规模得到了快速提升。2019 年，规模以上企业达到 25 家，累计完成工业总产值 72 亿元，实现销售收入 71 亿元，增速领先全市工业整体水平，并形成了涵盖特种金属功能材料、高端金属结构材料、先进高分子材料、新型无机非金属材料、高性能复合材料等多个重点领域的产业体系。

3.2.3.2 产业龙头企业情况

目前咸宁高新区有新能源新材料各类企业 45 家，规模以上企业 25 家。其中新能源企业有中广核集团、中国水电顾问集团、中船海装、咸宁市静脉产业园、武汉喜玛拉雅光电科技股份有限公司等，新材料企业有深圳市索阳新能源科技有限公司、金盛兰、海威复合材料、华宁防腐、平安电工、南玻等（见表 3 - 2）。

表 3 - 2　咸宁高新区新能源新材料产业龙头企业基本情况表（2019 年）

企业名称	工业总产值/万元	税收/万元	用电量/万千瓦时
咸宁南玻玻璃有限公司	71 775	3 521.1	4 020
咸宁南玻节能玻璃有限公司	35 868	1 870.5	3 834.3
咸宁南玻光电玻璃有限公司	25 102	430.57	4 172
咸宁市海金杨绝缘材料有限公司	6 595.2	223	164
咸宁海威复合材料制品有限公司	19 416	757.29	44
湖北新港建设发展有限公司	8 784	286.21	45
咸宁恒兴砼业有限公司	4 532	142.73	6.08
咸宁方远建材科技有限公司	6 787.7	238.9	37.44
咸宁市华桥新型建材有限公司	15 932	59.01	28.8
湖北贵泉新型节能建筑材料有限公司	5 388	24.825	12

数据来源：《咸宁高新区财政局财政数据统计年报》（2019）。

3.2.3.3 产业链结构情况

新能源利用。以中广核集团、咸宁市静脉产业园、咸宁市青源公司为龙头，提升新能源装备制造的水平，大力推进光伏、生物质气化热电联产等产业；以武汉喜玛拉雅光电科技股份有限公司为龙头，着力储能电池等电站级储能材料和装备研制。

新型功能材料。以华宁防腐、南玻等企业为龙头，围绕信息、生物、能源、环保等高技术领域，以纳米材料、智能材料、超导材料等前沿材料的研发和产业化为重点，形成化学新材料、无机非金属材料、生态环境材料等新型功能材料产业链。

高性能复合材料。以金盛兰、海威复合材料等企业为核心，形成以复合材料高效低成本成型、高效自动化成型、低温固化及新型固化成型等为关键技术，重点发展非金属基复合材料产业。

3.2.4 生物医药产业状况

随着社会发展和人们生活水平的普遍提高，以及人类生活方式的改变，人们对健康产品的总需求急剧增加。以生物技术和生命科学为先导，涵盖医疗卫生、营养保健、健身休闲等健康服务功能的健康产业成为 21 世纪引导全球经济发展和社会进步的重要产业。

3.2.4.1 产业总体规模情况

咸宁高新区以建设"生态谷"为主要抓手，利用咸宁良好的资源与生态优势，重点发展生物制药、中药现代化、医疗器械开发、生物农业等产业。鼓励和引导医药生产、销售企业优化资源配置，实施联合重组。深入挖掘本地中药和温泉资源，重点发展中药和绿色食品、医疗器械、生物农业、温泉疗养等领域。2019 年生物医药规模以上企业完成工业总产值 15.89 亿元，是咸宁高新区的支柱产业之一。咸宁高新区生命健康产业与省内创新资源密切互动，在生物医药、医疗器械、健康食品等细分领域特色突出，如全国首创复合强抗氧化剂、油茶籽脱壳冷榨生产纯天然油茶籽油工艺等产品和工艺，全球最大的护理床生产基地的建成，以及温泉疗养每年服务 2 650 万人次，这些已成为全省生命健康产业发展的重要载体。

3.2.4.2 产业龙头企业情况

咸宁高新区生物医药现有规模以上企业共 12 家，分别是杰士邦、福人金身、厚福医疗、绿地肥料、惠生药业、爱科医疗、欣和生物、绿雪生物、五湖医疗、吉斯生物、康进药业、金杏医疗（见表 3-3）。

表 3-3 咸宁高新区生物制药产业龙头企业基本情况表（2019 年）

企业名称	工业总产值 /万元	税收 /万元	用电量 /万千瓦时
湖北福人金身药业有限公司	29 320	927.27	230.88
厚福医疗装备有限公司	9 000	1 154.8	299.6
咸宁爱科医疗用品有限公司	8 200	179.43	185.2
湖北欣和生物科技有限公司	10 648	2.530 8	936
湖北五湖医疗器械有限公司	2 392	84.515	12.16
湖北吉斯生物科技有限公司	6 980	10.277	4.4
金士达医疗（咸宁）有限公司	17 190	444.78	587
湖北浩华生物技术有限公司	6 032	232.41	11.68
湖北百米生物实业有限公司	2 800	23.332	10.04
杰士邦卫生用品有限公司	57 292	1 330.7	72
湖北惠生药业有限公司	11	129.54	12

数据来源：《咸宁高新区财政局财政数据统计年报》（2019）。

3.2.4.3 产业链结构情况

咸宁高新区将紧跟全球生命健康产业发展趋势，把产业培育作为引擎抓手，着眼促进全民健康和培育新的经济增长极，努力将咸宁高新区打造成中部地区特色鲜明、配套完善的生命健康产业基地。目前，咸宁高新区基本形成了以制药工程为核心，中药现代化、医药器械开发、生物农业为发展方向的现代生物制药产业链。

制药工程。以吉斯生物等企业为基础，重点开发生物疫苗、基因工程药物、生物制品、诊断试剂等主导产品，努力打造我国中部地区最大的生物制药产业基地。

中药现代化。以福人药业为龙头，将现代制剂技术应用于传统中药剂型的改进，发展控释、缓释、靶向等制剂；采用各种先进的提取、分离技术提高中药生产的现代化水平；发展具有特殊生物活性、参与细胞调节等功效成分的各类保健食品；做大做强妇科类、心脑血管类、口腔类等中成药。

医药器械开发。支持厚福医疗、爱科医疗等医疗企业发展，巩固高端护理病床优势，发展医疗影像输出设备、空气净化器等，拓展药用和医用敷料。

生物农业。以绿雪生物农药为龙头，重点发展兽药、生物农药、饲料用酶制剂等农用生物制品，加强茶叶、竹笋和猪、禽等动植物重大新品种的培育。

3.2.5 智能装备制造产业状况

《中国制造2025》明确指出装备制造业是国民经济的主导产业，是立国之本、兴国之器、强国之基。2012年我国智能制造业产值规模突破5 000亿元，到了2017年，我国智能制造业产值规模在15 000亿元左右。湖北省在高端装备各领域均有一定的基础，主要以襄阳的机电装备、航空航天装备及武汉的特种船制造、轨道交通为重点。装备制造产业是咸宁市的传统优势产业，20世纪80年代初，咸宁市先后有湖北工具厂、湖北发电机厂、湖北第二电机厂、湖北变压器厂、湖北煤矿机械厂、湖北方向机厂、湖北液压件厂、湖北粮机厂、咸宁起重电机厂、湖北蒲圻起重机械总厂、咸宁工程机械厂等一大批老国有机电企业，这些企业在省内外都拥有广泛的知名度和市场美誉度。

3.2.5.1 产业总体规模状况

咸宁高新区智能装备制造产业依托咸宁市雄厚的智能装备制造产业基础，发展十分迅速。2019年咸宁高新区共有各类智能装备制造企业92家，产业从业人员8 794人，其中：规模以上企业47家，占高新区规模以上企业47%；高新技术企业30家，占高新区高新技术企业比重为4.5%。2019年咸宁高新区智能装备制造产业规模以上企业实现工业总产值64.22亿元，占高新区规模以上工业总产值的36.1%，其中高新技术产业产值达到36.24亿元，占高新区高新产值的45.8%。产业实现税收4.15亿元，占高新区总税收的 30.3%。产业出口总额 1.16 亿元，占高新区出口总额的 43.8%。

3.2.5.2 产业龙头企业状况

智能装备制造是咸宁高新区重点支撑产业，以咸宁高新区为龙头，咸宁市于 2016 年申报国家第三批集群试点，并于 2017 年获批。在《咸宁市政府工作报告 2019》中，咸宁智能机电产业集群已成为咸宁市政府主要领导领衔的国家级改革试点项目。目前，在高新区装备制造领域的 92 家企业中，涉及电机制造、起重运输装备制造、汽车及其零部件制造、机械制造、电子信息五大类别。

高新区智能装备制造产业有湖北三环汽车方向机有限公司、咸宁市诺贝佳机电设备有限公司、湖北海弘达铁路车辆配件有限公司等龙头企业（见表 3-4）。其中湖北三环汽车方向机有限公司主要生产汽车转向器及转向系零部件产品，拥有总资产 7.9 亿元，建筑面积 15 万平方米。

表 3-4 咸宁高新区智能装备制造产业主要企业（2019 年）

企业名称	工业总产值/万元	税收/万元	用电量/万千瓦时
湖北合加环境设备有限公司	2 104	616.01	133.56
湖北三环汽车方向机有限公司	3 644	951.34	1 649.6
湖北省三胜工程机械有限公司	2 192.4	692.99	832
湖北北辰汽车转向系统有限公司	5 781.6	606.72	232
湖北同发机电有限公司	6 252	1 561.7	74.44
咸宁三宁机电有限公司	8 313.2	1.946 5	84
湖北海弘达铁路车辆配件有限公司	2 612	685.24	245.8
湖北咸工工程机械有限公司	258.8	200.83	71.52
咸宁市华南工程机械有限公司	746.7	106.7	14
湖北世丰汽车内饰有限公司	2 519.6	58.612	224
咸宁祥天空气能电力有限公司	3 216.8	56.517	148.04

数据来源：《咸宁高新区财政局财政数据统计年报》（2019）。

3.2.5.3 产业创新能力状况

智能装备制造产业属于知识密集型产业，需要投入大量人力、物力、财力进行研发。2019 年高新区 47 家规模以上企业研发经费总支出为 1.2 亿元，占营业收入的比重仅 3% 左右，平均每家企业 255 万元。2017 年咸宁高新区获批智能机电产业集群国家级创新型试点以后，截至 2019 年年底全区共有湖北省智能机电科技成果转化基地 1 个、省级知识产权示范建设企业 7 个、市级及以上科研平台 28 个，市级及以上知识产权示范企业 15 个，其他科研平台见表 3 - 5。

表 3 - 5　咸宁高新区主要创新平台表（截至 2019 年）

序号	平台类型	数量	主要创新平台名称
1	省级产业技术研究院	1	湖北省咸宁智能机电产业技术研究院
2	省级工业设计研究院	1	湖北省智能机电工业设计研究院
3	省级工程技术研究中心	2	合加新能源汽车、武汉地震科学仪器研究院
4	省级企业技术中心	2	三环汽车方向机、喜玛拉雅光电
5	省级院士专家工作站	4	三环汽车方向机、喜玛拉雅光电、锐华科技、合加新能源汽车
6	省级博士后创新实践基地	1	喜玛拉雅光电
7	国家知识产权优势企业	2	合加新能源汽车、厚福医疗装备
8	市政府质量奖	2	三环汽车方向机、北辰动转
9	省名牌产品	5	合加新能源汽车、三环汽车方向机、华特红旗电缆、华耀达电气、三胜工程
10	省级科技小巨人	2	合加新能源汽车、同发机电
11	市级隐形冠军	5	厚福医疗装备、合加新能源汽车、三环汽车方向机、华锐机电、华源包装

数据来源：作者根据调研资料整理。

3.3 基于AHP的咸宁高新区
民营企业产业创新能力评价

3.3.1 产业创新及其评价方法

3.3.1.1 产业创新及产业创新能力

创新就是在原有的基础上对各种活动所需的要素进行重新排列组合。产业创新是指企业在经济活动中基于某一项技术创新，从而形成一个新的产业，或者对一个产业落后的生产方式进行彻底改造。从创新理论上来说，产业创新是对旧产业结构的创造性破坏，因此在绝大多数情况下，产业创新不是一个企业的单个创新行为，而是一个国家或地区企业群体的技术创新的总体集合。1912年，在资本主义经济危机的背景下，经济学家约瑟夫最先提出产业创新的理论，索洛和罗门认为产业技术创新离不开经济改革的影响，全世界各个国家为了在全球竞争中占据有利地位，应该提高自身产业技术水平，从而促进本国和地区经济发展。

产业创新能力，又称产业创新效率，最早由经济学者阿弗里亚提出，与产业创新能力和效率对应的是产业生产前沿面。按照投入与产出理论，所谓产业生产前沿面就是在产业投入量一定的前提下，能够获得的最大的产业产出。产业创新能力或者产业创新效率也可以因此界定为，在产业创新要素投入固定的前提下，产业创新产出与产业最大产出之间的差值，差值越大说明产业创新能力或者创新效率越低。因此从投入与产出角度来说，产业创新能力或者创新效率也可以用来测定一个国家或地区某个产业的经济发展质量。

3.3.1.2 产业创新能力评价的主要方法

最初，法拉尔以技术效率为基本计算方法，第一次采取量化方式，对产业创新效率进行评价。其核心思想是在前沿生产函数的基础上，定量计算出最优化的投入与产出比例，据此判断产业创新综合效率的高与低以及最优的综合效率。从此以后中外学者运用多种定量方法，对产业创新能力和效率进行了多角度评价。综合来看，产业创新能力评价的主要方法有算数比例法、SFA 分析法、DEA 分析法等定量计算方法（见表 3 - 6）。

表 3 - 6   产业创新能力评价的主要方法

序号	方法名称	评价者	方法的基本原理
1	算数比例法	白俊红等（2009） 朱有为等（2006）	以产业产出与产业投入之间的比例，来判断产业创新效率
2	SFA 分析法	王艳等（2017） 任瑞（2012） 杨庆（2018）	在所有实际观察值中找到前沿面上的有效点，设立效率前沿面，在此基础上测算各个决策单元与前沿面之间的差距
3	DEA 分析法	王伟（2011） 刘满凤等（2016） 叶红雨等（2015）	通过投影分析，搜集投入与产出可能性生产函数集，测算多投入和多产出情况下的效率值，为决策者提供许多有效的信息

资料来源：作者根据调研资料整理。

区别于这些定量分析方法，本章选择层次分析法，从定性与定量相结合角度，对咸宁高新区产业创新能力进行评价。

3.3.2   层次分析法的基本过程

3.3.2.1   层次分析法基本术语

层次分析法（Analytic Hierarchy Process，简称 AHP），是一种将与决策始终相关的要素分解成技术术语，如目标、准则、方案等，并在此基础上进行定性和定量分析的决策方法。层次分析法（AHP）根据问题的性质和要达到的总体目标，将问题分解成不同的组成因素，并根据影响因素和从属关系的相关性按不同的层次聚集组合，形成多层次的分析结构模型，最终使问题归结为最低层（用于决策的方案、措施等）相对于最高层（总目标）的相对重要性的确定或相对价值顺序的排定。层次分析法涉及的基本术语如表 3 - 7 所示。

表 3 - 7　层次分析法涉及的基本术语

序号	术语名称及代码	术语表达的基本含义
1	评价因素（F）	所评价的具体内容，如价格、参数、规范、性能等
2	评价因素值（Fv）	评价因素的具体值
3	评价值（E）	评价因素的优劣程度。评价因素最优的评价值为 1（采用百分制时为 100 分），依据欠优的程度，其评价值小于或等于 1（采用百分制时为 100 分）
4	平均评价值（Ep）	专家（或者评标委员会成员）对某评价因素评价的平均值
5	权重（W）	是指评价因素的地位和重要程度，第一级评价因素的权重之和为 1，每一个评价因素的下一级评价因素的权重之和为 1
6	加权平均评价值（Epw）	加权后的平均评价值
7	综合评价值（Ez）	指同一级评价因素的加权平均评价值（Epw）之和。综合评价值对应的也是上一级评价

资料来源：作者根据调研资料整理。

3.3.2.2　层次分析法主要步骤

在运用 AHP 决策时，大体上可分为四个步骤，即分析问题、建立判断矩阵、确定各要素的相对重要度、综合重要度的计算。具体计算上，又可分为以下步骤。

第一步：综合评价指标的构建。综合评价指标体系是进行综合评价的基础，评价指标的选取是否适宜，将直接影响综合评价的准确性。构建评价指标应广泛涉猎与该评价指标系统相关的行业资料或者法律法规。

第二步：构建权重向量。通过专家经验法或者 AHP 层次分析法构建好权重向量。

第三步：构建评价矩阵。即建立适合的隶属函数，从而构建好评价矩阵。

第四步：评价矩阵和权重的合成。即采用适合的合成因子对其进行合成，并对结果向量进行解释。

3.3.3 咸宁高新区民营企业产业创新能力评价指标体系构建

3.3.3.1 指标选择的原则

评价指标的选择，体现了评价者的评价角度。一般而言，产业创新能力评价指标的选择应该遵循以下原则。

系统性原则。构建高新区产业创新能力评价指标体系，不能只从一个方面来评价对象，要从不同的角度和层次来进行刻画，并且涵盖评价对象的各个方面。

科学性原则。科学性原则要求反映出被评客体各个组成要素之间的因果、隶属关系及客观机制。

全面性原则。在构建高新区产业创新能力评价指标体系时，应该体现其全面性的特点，反映出产业发展的关键性影响因素及其主要方面，即遵循全面性的原则。

客观性原则。产业创新能力评价指标体系的构建应该依据咸宁高新区产业发展实际情况，从当地产业经济发展的具体阶段出发，构建一套合理的评价指标体系。

可操作性原则。在选择指标的时候，尽可能地收集所需数据，而极个别难以收集到的数据资料，可以采取内插法、趋势分析法等规范化处理之后再使用。

3.3.3.2 产业创新能力评价常用指标

近年来，国内外学者根据所评价对象的地理区位不同、所处行业不同、评价目标不同、定量计算方法不同，从不同的角度提出了产业发展指数、产业创新指数、产业绩效指数等不同的评价指标体系，表3-8是近几年来几个代表性的指标体系。

表3-8　代表性产业创新评价指标体系

序号	作者	指标体系	
		一级指标	二级指标
1	王孝华（2020）	投入指标；产出指标	R&D人员折合全时当量、R&D内部经费支出、研发机构数；有效发明专利数、新产品销售收入
2	胡文渊（2016）	产业投入竞争力；产业产出竞争力；产业创新潜力竞争力	企业数、科技活动内部经费支出、科技活动内部经费支出占总收入比重、年末从业人员数；工业总产值、总收入、产品销售收入、净利润、上缴税费、出口创汇；技术收入、R&D内部经费支出、科技活动人数、大专以上学历人数
3	王玉梅、孙珊等（2020）	产业创新投入；产业创新产出；产业创新支撑；产业创新共享	R&D经费内部支出、R&D经费外部支出、高等学校R&D经费内部支出、技术市场技术输出合同金额、高技术产业施工项目个数、R&D人员全时当量、劳动者素质、科学家和工程师数量；专利申请数量、拥有有效发明专利的数量、专利授权数量、科技论文发表数量、高等学校R&D课题数、高技术企业个数、高技术产业从业人员平均数、新产品销售收入；政府资金支持、企业资金支持、互联网上网人数、每十万人口高等教育平均在校生、政府对高等教育支出占总支出的比重、高技术产品进出口贸易总额、规模以上工业企业技术获取和技术改造费用、参加国外科技活动人次；国家级高新区企业数量、规模以上工业企业办R&D机构数量、在册孵化器数量、国家创新基金
4	高云峰（2020）	产业发展规模；产业成长实力；产业经济效益；产业科技含量	产业销售产值、工业企业数、平均从业人员数、固定资产投资总额；平均从业人数增长率、固定资产增长率、营业利润增长率；劳动生产率、成本费用利润率、资产保值增值率；企业数、有R&D活动的企业数占比、规模以上工业企业R&D经费、R&D人员占就业人员比重

序号	作者	指标体系	
		一级指标	二级指标
5	史淼 （2013）	产业投入；产业产出；产业市场化能力；产业政策扶持；产业技术支持环境；产业运行状态；产业创新能力	R&D 经费、R&D 经费投入产出比、R&D 人员产业装备水平；资金利税率、全员劳动生产率、高新技术产业产值、工业增加值率、项目建成投产率、产值利润率；贸易竞争力指数、产品目标市场份额；R&D 经费占 GDP 的比例、政府 R&D 经费投入占 R&D 总经费比例；中高级职称占高新技术从业人员总数比例、应用研究经费占 R&D 经费总额比例、R&D 机构数、硕士以上学历占高新技术从业人员数比例；总资产负债率、投资风险系数、高新技术开发区的高新技术企业个数；高新技术市场化率、新产品市场份额、新产品出口销售率、企业与外部技术力量研发合作项目数、企业拥有发明专利数

资料来源：作者根据调研资料整理。

从表 3 - 8 可以看出，尽管不同评价者的评价方法有区别、评价目标不同，最终评价指标体系也千差万别，但是产业创新评价指标的选择还是有一些共同点的：从一级指标上看，产业创新投入与产出、产业创新环境和创新能力等都是评价者共同的思考角度，而二级指标上 R&D、企业数量、专利发明数、研发机构、从业人员、产业利润收入等都是常用指标。

3.3.3.3 咸宁高新区民营企业产业创新能力评价指标选择

从咸宁高新区产业发展实际出发，借鉴近年来学者对产业创新能力评价方法（见表 3 - 6），在可操作性的基础上，按照数据的连续性和可获得性，本研究从产业发展规模、产业创新主体、产业创新能力、产业发展效率四个角度对咸宁高新区民营企业产业创新能力进行评价，具体指标如表 3 - 9 所示。

表 3-9　咸宁高新区民营企业产业创新能力评价指标体系

目标层	准则层	指标层	单位
开发区民营企业产业创新能力指数（A）	产业发展规模（B_1）	资产总额（C_1）	亿元
		工业总产值（C_2）	亿元
		上缴税费（C_3）	亿元
		出口总额（C_4）	亿元
	产业创新主体（B_2）	企业数（C_5）	家
		人均利润（C_6）	万元/人
		从业人员总数（C_7）	人
	产业创新能力（B_3）	高新技术企业数（C_8）	家
		R&D 内部经费支出（C_9）	亿元
		R&D 人员全时当量（C_{10}）	人年
		人均技术收入（C_{11}）	万元/人
	产业发展效率（B_4）	工业总产值增长率（C_{12}）	%
		R&D 占 GDP 比重（C_{13}）	%
		营业收入增长率（C_{14}）	%

3.3.3.4　主要指标释义

各指标的意义和计算方法见表 3-10 所示。

表 3-10　各指标意义及计算方法

序号	指标代码	指标的意义	指标计算方法
1	B_1	反映产业发展劳动力、劳动资料和劳动对象及工业产品的集中程度	
2	B_2	反映产业创新集体和个人的数量和质量	由下一级指标进行加权求和获得
3	B_3	反映产业科技投入能力和科技竞争力	
4	B_4	反映产业投入和产出之间的关系，是衡量经济活动最终的综合指标	

续表

序号	指标代码	指标的意义	指标计算方法
5	C_1	反映产业劳动资料占用规模	年末资产
6	C_2	反映产业总体产出情况	工业总产值
7	C_3	反映产业对国家社会总体贡献情况	年上缴税费总额
8	C_4	反映产业对外输出能力	年出口总额
9	C_5	反映产业组织规模	入统企业总数
10	C_6	反映产业评价盈利水平	净利润/年末从业人员总数
11	C_7	反映产业劳动者数量	年末从业人员总数
12	C_8	反映产业科技创新企业数量	高新技术企业数
13	C_9	反映产业科技创新投入财力	R&D 内部经费支出
14	C_{10}	反映产业科技人员投入规模	R&D 人员全时当量
15	C_{11}	反映产业创新人均技术收入	技术收入/年末从业人员总数
15	C_{12}	反映产业规模的增长趋势	（1 - 本年工业总产值/去年工业总产值）＊100%
17	C_{13}	反映科技投入在国民经济活动中的地位	R&D 经费/GDP ＊100%
18	C_{14}	反映企业收入的持续增长趋势	（1 - 本年营业收入/去年营业收入）＊100%

3.3.4 咸宁高新区民营企业产业创新能力评价指标权重确定

在层次分析法中，各指标的权重确定有"1—9 标度方法"、熵值法、Dephi 法等多种方法。本研究采用"1—9 标度方法"（见表 3-11）进行计算。"1—9 标度方法"是萨蒂提出的，以准则层为例，其基本过程如下。

第一步：根据"1—9 标度法"，邀请 5 位专家对高新区产业创新能力评价体系的综合评价层、项目评价层、因子评价层，进行两两重要性打分，建立一系列的判断矩阵，如准则层的判断矩阵如表 3-12 所示，再利用 stata15 版软件计算得出各层次的指标权重，如准则层各向量的权重计算为：

$$wb = (0.14, 0.3, 0.38, 0.18) \qquad 式(3-1)$$

表 3 – 11　1 – 9 标度的含义

标度	含义
1	表示两个因素相比，具有同样重要性。
3	表示两个因素相比，一个因素比另一个因素稍微重要。
5	表示两个因素相比，一个因素比另一个因素明显重要。
7	表示两个因素相比，一个因素比另一个因素强烈重要。
9	表示两个因素相比，一个因素比另一个因素极端重要。
2，4，6，8	上述两相邻判断的中值。
倒数	两个因素相比，后者比前者的重要性标度。

表 3 – 12　准则层判断矩阵

	B_1	B_2	B_3	B_4
B_1	1	1/7	1/9	1/5
B_2	7	1	1/3	3
B_3	9	3	1	5
B_4	5	1/3	1/5	1

第二步：计算一致性检验指标。

层次分析法的计算方法，即计算判断矩阵最大特征根 λ_{max} 及其对应的排序向量 w，由于客观事物的复杂性及人的主观判断的差异，每一个判断难以达到完全的一致，为了保证层次分析法的结论基本合理，还需对各判断矩阵进行一致性检验。因此，在层次分析法中引入判断矩阵最大特征根以外的其余特征根的负平方值，作为度量判断矩阵偏离一致性指标，即：

$$CI = \frac{\lambda_{max} - n}{n - 1} \qquad 式(3-2)$$

其中，n 为判断矩阵阶数。准则层的一致性指标 $CI = 0.0602$（表 3-13）。

表 3-13 准则层检验系数

指标	特征值	权重	最大特征根	一致性指标（CI）
B_1	1.45	0.14		
B_2	11.33	0.30	4.18	0.0602
B_3	18.00	0.34		
B_4	6.67	0.18		

第三步：进行一致性检验。

为了检验不同的判断矩阵是否具有满意的一致性，还须引入判断矩阵的平均随机一致性指标 RI 值，如表 3-14 所示：

表 3-14 随机一致性指标 RI 表

矩阵阶数	1	2	3	4	5	6	7	8	9	10
RI	0	0	0.58	0.90	1.12	1.24	1.32	1.41	1.45	1.49

对于 1，2 阶的判断矩阵，总有满意的一致性。当阶数大于 2 时，判断矩阵的一致性指标 CI 与同阶平均随机一致性指标 RI 之比，称为随机一致性比率，记为 CR；当 $CR < 0.10$ 时，一般认为该判断矩阵具有满意的一致性，即认为各层次的思维是一致的，层次分析法得出的结论是一致的，否则就需调整判断矩阵，使之具有满意的一致性。

$$CR = \frac{CI}{RI} < 0.10 \qquad 式(3-3)$$

本例中，准则层计算所得 CR 值为 0.067（见表 3-15），因此判断矩阵的一致性是可以接受的。

表 3-15 准则层一致性检验结果表

最大特征根	CI 值	RI 值	CR 值	一致性检验结果
11.41	0.0602	0.90	0.067	通过

以此类推，对于指标层 14 个指标权重，其"1－9 标度"如表 3－16 所示：

表 3－16　指标层 1－9 标度矩阵

	C_1	C_2	C_3	C_4	C_5	C_6	C_7	C_8	C_9	C_{10}	C_{11}	C_{12}	C_{13}	C_{14}
C_1	1.00	3.00	4.00	6.00	2.00	4.00	4.00	0.50	0.50	3.00	6.00	5.00	2.00	2.00
C_2	0.33	1.00	2.00	3.00	0.50	2.00	2.00	0.25	0.25	1.00	3.00	0.33	0.50	0.50
C_3	0.25	0.50	1.00	2.00	0.25	1.00	1.00	0.17	0.17	0.50	0.33	0.20	0.33	0.33
C_4	0.17	0.33	0.50	1.00	0.20	0.50	0.50	0.14	0.14	0.33	1.00	0.17	0.25	0.25
C_5	0.50	3.00	4.00	5.00	1.00	4.00	4.00	0.33	0.33	3.00	6.00	0.50	2.00	2.00
C_6	0.20	0.50	1.00	2.00	0.25	1.00	1.00	0.17	0.17	0.50	3.00	2.00	0.33	0.33
C_7	0.50	3.00	4.00	5.00	0.25	1.00	1.00	0.17	0.17	0.50	0.20	1.00	0.33	0.33
C_8	2.00	4.00	5.00	6.00	5.00	1.00	1.00	4.00	7.00	2.00	3.00	3.00	3.00	3.00
C_9	2.00	4.00	5.00	6.00	5.00	1.00	1.00	4.00	7.00	2.00	3.00	3.00	3.00	3.00
C_{10}	0.25	1.00	2.00	3.00	0.33	2.00	2.00	0.20	0.20	1.00	4.00	3.00	0.50	0.50
C_{11}	0.14	0.25	0.33	0.50	0.17	0.33	0.33	0.13	0.13	0.25	1.00	0.50	0.20	0.20
C_{12}	0.17	0.33	0.33	1.00	0.20	0.50	0.50	0.14	0.14	0.33	2.00	1.00	0.20	0.20
C_{13}	0.33	2.00	3.00	4.00	0.50	3.00	3.00	0.25	0.25	2.00	5.00	4.00	1.00	1.00
C_{14}	0.33	2.00	3.00	4.00	0.50	3.00	3.00	0.25	0.25	2.00	5.00	4.00	1.00	1.00

根据判断矩阵计算各指标权重如表 3－17 所示：

表 3－17　指标层权重计算表

指标	特征值	权重	最大特征根	一致性指标（CI）
C_1	43.00	0.13		
C_2	16.67	0.05	15.65	0.127

指标	特征值	权重	最大特征根	一致性指标（CI）
C_3	8.03	0.02		
C_4	5.49	0.02		
C_5	35.67	0.11		
C_6	12.45	0.04		
C_7	21.20	0.06		
C_8	49.00	0.15	15.65	0.127
C_9	49.00	0.15		
C_{10}	19.98	0.06		
C_{11}	4.46	0.01		
C_{12}	7.05	0.02		
C_{13}	29.33	0.09		
C_{14}	29.33	0.09		

指标层检验结果如表 3 - 18 所示。

表 3 - 18　指标层一致性检验结果表

最大特征根	CI 值	RI 值	CR 值	一致性检验结果
15.65	0.127	1.58	0.080 4	通过

3.3.5　咸宁高新区民营企业产业创新能力评价过程

3.3.5.1　数据收集与处理

为了探寻咸宁高新区产业创新能力的发展状况，本研究根据表 3 - 10 中各指标的收集与计算方法，收集了自 2011 年到 2019 年表中的各数据情况（见表 3 - 19）。由于咸宁高新区 2016 年才申报国家级高新区，《中国火炬统计年鉴》自 2017 年起才将其纳入统计范围，因此在表 3 - 19 中只有 2017—2019 年数据来源于《中国火炬统计年鉴》。2010—2016 年数据中，R&D 经费内部支出、R&D 人员全时当量来源于《湖北省科技统计年鉴》中咸宁市的数据，其他数据来源于《咸宁统计年鉴》。值得说明的是，《咸宁统计年鉴》和《中国火炬统计年鉴》中有关咸宁高新区的数据存在不一致性，本书按照比例整体进行了调整。

表 3 – 19 咸宁高新区 2010—2019 年产业创新指标主要数据

	2010 年	2011 年	2012 年	2013 年	2014 年	2015 年	2016 年	2017 年	2018 年	2019 年
年末总资产/亿元	46 153 275	47 432 653	49 783 216	53 112 690	52 678 631	57 892 467	58 673 245	63 708 279	68 235 811	67 925 025
工业总产值/亿元	52 172 469	57 352 693	63 590 214	68 321 690	71 534 802	74 694 213	8 753 645	107 049 923	110 380 036	109 956 061
上缴税费/亿元	1 742 134	2 015 834	2 235 853	2 724 534	2 532 148	2 831 357	3 094 275	3 214 270	4 223 519	3 347 179
出口总额/亿元	932 894	1 032 697	1 298 376	1 342 375	2 094 532	2 356 703	2 638 960	3 118 289	2 229 456	2 904 127
入统企业数/家	275	287	309	313	339	348	361	411	421	428
净利润/（万元/人）	2 017 246	2 147 896	2 690 356	2 915 325	3 213 574	3 615 754	4 213 765	4 866 843	11 898 784	9 364 809
年末从业人员数/人	47 983	49 854	51 567	53 265	59 784	62 156	64 267	66 257	67 032	73 024
高新技术企业数/家	66	82	97	109	121	132	164	188	212	219
R&D经费内部支出/亿元	497 849	503 607	521 563	532 674	679 325	754 214	795 632	902 079	1 593 528	1 311 521
R&D人员全时当量/年	1 354	1 616	1 732	2 156	1 675	2 312	2 675	2 617	3 427	3 226
技术收入	1 524 459	1 735 479	1 942 569	2 167 932	2 465 983	2 976 424	3 257 135	3 836 205	2 937 691	3 378 910
营业收入	51 384 314	55 895 469	57 837 943	61 065 478	65 324 783	69 435 792	72 145 216	86 891 402	91 267 520	100 078 954

对表 3 – 19 中的数据进行处理，主要有以下三步。

第一步：对表 3 – 19 中的原始数据按照式（3 – 4）进行无量纲化处理。

$$x_{ij} = \frac{F_{ij}}{\max F_i} \times 100\% \quad (i, j = 1,2,3\cdots) \qquad \text{式（3 – 4）}$$

式（3 – 4）中，F_{ij} 是表 3 – 19 中第 i 行第 j 列的三级指标无量纲化处理前的数值，$\max F_i$ 是第 i 行中最大数。

第二步：按照式（3 – 5），计算表 3 – 19 中各二级指标的指数。

$$FB_{ij} = \sum_{i,j}^{m,n} x_{ij} * W_{ij} \quad (i, j = 1,2,3\cdots) \qquad \text{式（3 – 5）}$$

式（3 – 5）中，FB_{ij} 是 i 个一级指标的第 j 年的指数，W_{ij} 是指第 j 个一级指标的权重。

第三步：按照式（3 – 6），计算四个一级指标每年的权重。

$$FA_j = \sum_{i,j}^{m,n} FB_{ij} * W_{ij} \quad (i, j = 1,2,3\cdots) \qquad \text{式（3 – 6）}$$

式（3 – 6）中，FA_j 是高新区各年的产业创新指数，FB_{ij} 是 i 个一级指标的第 j 年的指数，W_{ij} 是指第 j 个一级指标的权重。

3.3.5.2　主要计算过程

根据表 3 – 19 中的原始数据，计算各指标的计算值初值，其结果如表 3 – 20 所示。

按照式（3 – 4）进行无量纲化处理以后得到各年份各指标加权前的结果，如表 3 – 21 所示。

按照式（3 – 5），结合表 3 – 17，各指标加权以后的结果如表 3 – 22 所示。

按照式（3 – 6）可以计算咸宁高新区民营企业产业创新能力指数和各一级指标指数值（表 3 – 23）。

为了更好地反映各一级指标的发展状况，消除各一级指标权重后，即各一级指标总分为 100 的情况下，咸宁高新区民营企业产业创新能力指数和各一级指标指数值如表 3 – 24 和图 3 – 25 所示。

表 3 - 20 各指标计算值初值

	2010 年	2011 年	2012 年	2013 年	2014 年	2015 年	2016 年	2017 年	2018 年	2019 年
C_1	46 153 275	47 432 653	49 783 216	53 112 690	52 678 631	57 892 467	58 673 245	63 708 279	68 235 811	67 925 025
C_2	52 172 469	57 362 693	63 590 214	68 321 690	71 534 802	74 694 213	8 753 645	107 049 923	110 380 036	109 956 061
C_3	1 742 134	2 015 834	2 235 853	2 724 534	2 532 148	2 831 357	3 094 275	3 214 270	4 223 519	3 347 179
C_4	932 894	1 032 697	1 298 376	1 342 375	2 094 532	2 356 703	2 638 960	3 118 289	2 229 456	2 904 127
C_5	275	287	309	313	339	348	361	411	421	428
C_6	2 017 246	2 147 896	2 690 356	2 915 325	3 213 574	3 615 754	4 213 765	4 866 843	11 898 784	9 364 809
C_7	42.04	43.083	52.17	54.73	53.75	58.17	65.577	73.454	177.51	128.242
C_8	66	82	97	109	121	132	164	188	212	219
C_9	497 849	503 607	521 563	532 674	679 325	754 214	795 632	902 079	1 593 528	1 311 521
C_{10}	1 354	1 616	1 732	2 156	1 675	2 312	2 675	2 617	3 427	3 226
C_{11}	1 524 459	1 735 479	1 942 569	2 167 932	2 465 983	2 976 424	3 257 135	3 836 205	2 937 691	3 378 910
C_{12}	0.110 2	0.099 5	0.108 6	0.074 4	0.047 0	0.044 2	-0.182 8	0.229 2	0.031 1	-0.003 8
C_{13}	0.003 816 7	0.003 512	0.003 281	0.003 119	0.003 799	0.004 039	0.003 636	0.003 371	0.005 775	0.004 771
C_{14}	0.092 3	0.087 8	0.034 8	0.055 8	0.069 7	0.062 9	0.039 0	0.204 4	0.050 4	0.096 5

表 3 - 21 各指标无量纲化处理后的结果值

	2010 年	2011 年	2012 年	2013 年	2014 年	2015 年	2016 年	2017 年	2018 年	2019 年
C_1	67.637 91	69.512 84	72.957 61	77.836 97	77.200 86	84.841 77	85.986	93.364 87	100	99.544 54
C_2	47.266 22	51.968 36	57.610 25	61.896 78	64.807 74	67.670 04	7.930 46	96.983 05	100	99.615 9
C_3	41.248 4	47.728 78	52.938 15	64.508 62	59.953 51	67.037 87	73.262 96	76.104 07	100	79.250 95
C_4	29.916 86	33.117 42	41.637 45	43.048 45	67.169 27	75.576 8	84.628 46	100	71.496 13	93.132 07
C_5	64.252 34	67.056 07	72.196 26	73.130 84	79.205 61	81.308 41	84.345 79	96.028 04	98.364 49	100
C_6	16.953 38	18.051 39	22.610 34	24.501 03	27.007 58	30.387 59	35.413 41	40.902 02	100	78.703 92
C_7	32.781 77	33.595 08	40.680 9	42.677 13	41.912 95	45.359 55	51.135 35	57.277 65	138.418	100
C_8	30.136 99	37.442 92	44.292 24	49.771 69	55.251 14	60.273 97	74.885 84	85.844 75	96.803 65	100
C_9	31.241 94	31.603 27	32.730 08	33.427 34	42.630 25	47.329 82	49.928 96	56.608 92	100	82.302 98
C_{10}	39.509 78	47.154 95	50.539 83	62.912 17	48.876 57	67.464 25	78.056 61	76.364 17	100	94.134 81
C_{11}	39.738 73	45.239 47	50.637 78	56.512 41	64.281 84	77.587 72	84.905 13	100	76.578 05	88.079 5
C_{12}	48.080 28	43.411 87	47.382 2	32.460 73	20.506 11	19.284 47	-79.755 7	100	13.568 94	-1.657 94
C_{13}	66.090 04	60.813 85	56.813 85	54.008 66	65.783 55	69.939 39	62.961 04	58.372 29	100	82.614 72
C_{14}	95.647 67	90.984 46	36.062 18	57.823 83	72.227 98	65.181 35	40.414 51	211.813 5	52.227 98	100

表 3 - 22　各指标加权以后的结果值

	2010 年	2011 年	2012 年	2013 年	2014 年	2015 年	2016 年	2017 年	2018 年	2019 年
C_1	8.792 928	9.036 67	9.484 489	10.118 81	10.036 11	11.029 43	11.178 18	12.137 43	13	12.940 79
C_2	2.363 311	2.598 418	2.880 512	3.094 839	3.240 387	3.383 502	0.396 523	4.849 152	5	4.980 795
C_3	0.824 968	0.954 576	1.058 763	1.290 172	1.199 07	1.340 757	1.465 259	1.522 081	2	1.585 019
C_4	0.598 337	0.662 348	0.332 749	0.860 969	1.343 385	1.511 536	1.692 569	2	1.429 923	1.862 641
C_5	7.067 757	7.376 168	7.941 589	8.044 393	8.712 617	8.943 925	9.278 037	10.563 08	10.820 09	11
C_6	0.678 135	0.722 056	0.904 414	0.980 041	1.080 303	1.215 504	1.416 536	1.636 081	4	3.148 157
C_7	1.966 906	2.015 705	2.440 854	2.560 628	2.514 777	2.721 573	3.068 121	3.436 659	8.305 079	6
C_8	4.520 548	5.616 438	6.643 836	7.465 753	8.287 671	9.041 096	11.232 88	12.876 71	14.520 55	15
C_9	4.686 29	4.740 491	4.909 512	5.014 101	6.394 538	7.099 474	7.489 344	8.491 338	15	12.345 45
C_{10}	2.370 587	2.829 297	3.032 39	3.774 73	2.932 594	4.047 855	4.683 397	4.581 85	6	5.648 089
C_{11}	0.961 606	0.868 237	0.947 644	0.649 215	0.410 122	0.385 689	- 1.59 511	2	0.271 379	- 0.033 16
C_{12}	5.948 104	5.473 247	5.113 247	4.860 779	5.920 519	6.294 545	5.666 494	5.253 506	9	7.435 325
C_{13}	8.608 29	8.188 601	3.245 596	5.204 145	6.500 518	5.866 321	3.637 306	19.063 21	4.700 518	9
C_{14}	8.792 928	9.036 67	9.484 489	10.118 81	10.036 11	11.029 43	11.178 18	12.137 43	13	12.940 79

表 3 - 23 咸宁高新区民营企业产业创新能力指数和各一级指标数值

	2010 年	2011 年	2012 年	2013 年	2014 年	2015 年	2016 年	2017 年	2018 年	2019 年
产业创新绩效指数 (A)	49.79	51.53	49.94	54.48	59.22	63.66	60.46	89.41	94.81	91.79
产业发展规模指数 (B₁)	12.58	13.25	14.26	15.36	15.82	17.27	14.73	20.51	21.43	21.37
产业创新主体指数 (B₂)	9.713	10.11	11.29	11.59	12.31	12.88	13.76	15.64	23.13	20.15
产业创新能力指数 (B₃)	11.97	13.64	15.09	16.82	18.26	20.96	24.25	26.95	36.29	33.87
产业发展效率指数 (B₄)	15.52	14.53	9.306	10.71	12.83	12.55	7.709	26.32	13.97	16.4

表 3 - 24 咸宁高新区民营企业产业创新能力指数和各一级指标指数值（各一级指标总分为 100）

	2010 年	2011 年	2012 年	2013 年	2014 年	2015 年	2016 年	2017 年	2018 年	2019 年
产业创新绩效指数 (A)	49.79	51.53	49.94	54.48	59.22	63.66	60.46	89.41	94.81	91.79
产业发展规模指数 (B₁)	57.18	60.236	64.8	69.84	71.9	78.478	66.966	93.22	97.409	97.13
产业创新主体指数 (B₂)	46.25	48.162	53.75	55.17	58.61	61.338	65.537	74.46	110.12	95.94
产业创新能力指数 (B₃)	32.36	36.861	40.79	45.46	49.34	56.66	65.553	72.84	98.07	91.55
产业发展效率指数 (B₄)	77.59	72.65	46.53	53.57	64.16	62.733	38.543	98.62	69.86	82.01

（a）

（b）

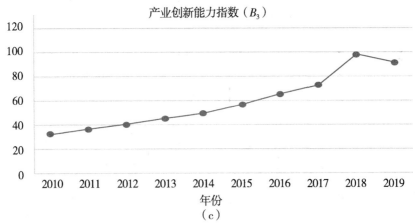

（c）

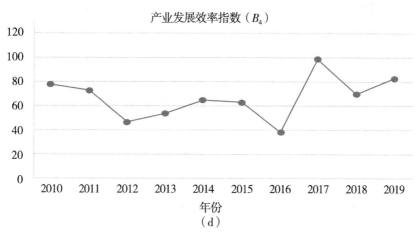

(d)

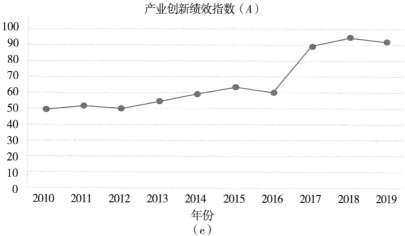

(e)

图 3－2　近 10 年来咸宁高新区民营企业产业创新能力变化图

3.3.5.3　评价结果分析

从产业发展规模指数上看：除了 2016 年以外，指数呈增长趋势明显，并且增长速度平稳，特别是咸宁高新区被纳入国家级高新技术开发区以后，其产业发展规模指数一直稳定在 90 以上，说明政策红利对咸宁高新区的产业发展有明显的促进作用。当然 2016 年各项指数都有一个波动过程，这可能是本研究对高新区在申报国家级高新区过程中的数据进行后期调整所造成的。

从产业创新主体指数上看：该指数以 2016 年为界，前期一直低于规模指数，后期则明显高于规模指数，并且是四个一级指标中的最大者，这反映出自 2017 年以后咸宁产业创新集体和个人的数量和质量有了明显的改变，但是自 2018 年以后受国内外经济环境的影响，高新区的企业和其他的经济个体在产业创新方面出现了波动这一情况，值得高新区管委会后期关注。

从产业创新能力指数上看：该指数最能反映咸宁高新区在产业创新上的变化过程，在统计之初该指数一直在低水平徘徊，是四个一级指数中水平最低的，这说明咸宁高新区民营企业前期的发展总体上属于粗放模式。但是自 2015 年以后，产业创新能力指数开始明显提升，目前仅次于产业规模指数，这说明近 10 年来咸宁高新区民营企业的常用创新能力得到了飞速的发展，并且已经具备了自我造血能力，这将为高新区今后进一步的发展奠定坚实的基础。

从产业发展效率指数上看：产业发展效率主要反映的是产业的发展速度和能力，受我国总体宏观经济发展速度的影响，在统计初期咸宁高新区各项经济指标增长迅速，2015 年以后，特别是 2018 年以后我国经济发展已经由追求高速度转变为追求经济发展质量的"新常态"，产业发展效率指数出现明显的反复现象，整个指数在统计年限内上下波动明显。

从产业创新绩效指数上看：该指数是上述四个指数综合加权而来，反映了咸宁高新区民营企业产业创新的总体能力。从其近 10 年的变化可以看出以下几个趋势：第一，该指数总体呈上升趋势，说明高新区民营企业发展能力持续增强；第二，该指数的增长一直很平稳，并且基本上不受统计数据的变化影响，说明咸宁高新区民营企业创新能力的抗风险能力很强；第三，在指数的影响因素中产业规模、产业主体起到了正向作用，特别是 2016 年以后，上升的三个指数基本水平相当，说明咸宁高新区民营企业在创新能力和创新效率上还有很大的上升空间。

3.4　本章小结

本章旨在对咸宁高新区民营企业创新绩效进行综合定量评价。在分析咸宁高新区产业发展现状的基础上，运用层次分析法，构建了咸宁高新区民营企业产业创新能力评价指标体系。以 2010—2019 年高新区民营企业发展统计数据为样本，对高新区民营企业创新绩效总体能力和四个一级指数在时间上的演变规律进行了探讨，并分析了形成这些演变规律的具体原因。

本章参考文献

［1］朱明凤，肖逸民．咸宁高新区发展特色饮料产业的路径思考［J］．全国流通经济，2019（6）：83－84.

［2］陈进．咸宁高新区机电产业转型升级的路径研究［J］．现代商业，2019（9）：156－157.

［3］金瑞君．包头市人才政策效果与企业发展耦合协调研究［D］．呼和浩特：内蒙古师范大学，2016.

［4］易娜．呼包鄂人才竞争力比较研究［D］．包头：内蒙古科技大学，2015.

［5］LI C，ZHANG Y. An Empirical Research on the Impact of Regional Innovation Policy on Enterprise Innovation Efficiency［J］. Science Research Management，2014，35（9）：25－35.

［6］张同全，石环环．科技园区创新人才开发政策实施效果评价：基于山东省 8 个科技园区的比较研究［J］．中国行政管理，2017（6）：85－89.

［7］范柏乃．发展高技术产业人才政策实证研究［J］．中国软科学，2000（8）：62－66.

［8］李锡元，陈俊伟．国家级高新区人才政策效能评估：以武汉光谷、北京中关村、苏州工业园为例［J］．科技和产业，2014，14（7）：114－120，156.

［9］王宁，徐友真，杨文才．基于因子分析和 DEA 模型的河南省科技人才政策实施成效评估［J］．科学管理研究，2018，36（4）：69－72.

［10］HECKMAN，VYTLACIL E. Structural Equations，Treatment Effects，and Econometric Policy Evaluation［J］. Econometrica，2005，73（3）：669－738.

［11］谢科范，刘嘉，闻天棋．武汉市科技人才政策效果仿真分析［J］．科技进步与对策，2015（14）：92－97.

［12］高云峰．科技人才与工业经济耦合发展及效应研究［D］．南昌：江西师范大学，2020.

［13］蒙永亨，周临青．广西北部湾经济区人力资源与经济协调发展度实证分析：

基于南宁、北海、钦州、防城港四市的对比［J］．广西社会科学，2015（9）：21－25．

［14］蔡强，田丽娜．技术创新与消费需求的耦合协调发展：基于东北老工业基地的研究［J］．经济问题，2017（9）：20－26．

［15］李润平，钱福永．黑龙江省工业人才资源与工业经济发展的耦合分析［J］．现代商业，2008（11）：127－130．

［16］史淼．山东省高新技术产业竞争力研究［D］．济南：山东师范大学，2013．

［17］刘茂长，李柏洲．技术创新扩散演化理论研究综述［J］．中国科技论坛，2012（5）：113－114．

［18］FRANEISEO. IT Industry Development and the KnowledgeEconomy：A Four Country Study［J］．Journal of Global Information Management，2004，12（4）：23－49．

［19］温宇静．中国产业竞争力指标体系与综合评价［D］．大连：东北财经大学，2004．

［20］胡文渊．武汉东湖高新技术产业竞争力分析［D］．武汉：中南民族大学，2016．

［21］刘艳楠，阴训法．基于因子分析法的辽宁省高新技术产业竞争力评价研究［J］．中国城市经济，2011（1）：29－30．

［22］邵运川，方海．西安高新产业竞争力变化实证分析［J］．西安工业大学学报，2006（5）：482－485．

［23］徐一萍．长三角地区高新技术产业竞争力的动态评价：基于2004—2010年面板数据的实证分析［J］．科技与经济，2012（2）：50－54．

［24］李世雄．湖南省高新技术产业竞争力研究［D］．长沙：湖南师范大学，2011．

［25］肖娟．我国中部地区高新技术产业竞争力的动态评价研究［D］．蚌埠：安徽财经大学，2015．

［26］薛薇．SPSS 统计分析方法及应用［M］．2版．北京：电子工业出版社，2010．

［27］刘昌年，张银银．中国高新技术产业竞争力评价研究［J］．工业技术经济，2014（4）：28－35．

4 咸宁高新区民营企业人才管理现状分析

4.1 人才管理概述

4.1.1 人才管理起源

1954 年，彼得·德鲁克出版了其重要著作《管理的实践》，书中对企业管理的各个方面进行了论述，并提出了人力资源的相关概念，这标志着人力资源管理概念的产生。在此后的数十年中，人力资源管理成为管理学研究的重要内容，并且在企业人力管理实践中发挥了重要的作用（胡君辰等，2011）。

1997 年，美国麦肯锡咨询公司在其管理报告中提出了"人才战争"的术语，这引起了企业管理人员和相关研究人员的极大兴趣。随着经济国际化和全球化浪潮的兴起，企业人才流动更加频繁，高素质人才更容易被其他企业所吸；与此同时，专业技术性人才数量快速增长，他们对企业的影响越来越大，也更容易被竞争对手挖走（袁骏，2013）。在这种情况下，企业人才竞争更加激烈，为了留住人才并提高效率，获得竞争优势，需要企业有高效的人才管理方法与模式。针对相关企业人力资源高级管理人员的调查显示，60% 以上的受访者认为，人才管理是他们面临的最重要的问题之一（加里·德斯勒，2012）。因此，人才管理的概念源于人力资源管理。相对于人力资源管理而言，人才管理是在人力资源管理的基础上发展起来的一种更细化和更高层次的管理形式（布英，2020）。

4.1.2　人才管理含义

关于人才管理的含义，到目前为止并没有一个公认的定义（刘瑛等，2014）。研究者们从不同的角度提出了自己的看法。如 Peter Cappelli（2008）认为人才管理是通过预测相关企业未来的人力资源需求，有针对性地制订相应的人才吸引与人才发展计划，以满足企业的这一需求。加里·德斯勒（2012）则认为，人才管理是一个组织吸引、甄选、培训、开发以及提升员工的整个过程。

根据对当前研究成果的分析，人才管理的内涵可以分为以下四种导向（刘瑛等，2014）。

（1）传统功能导向。这种观点认为人才管理就是包括招聘、甄选、开发、职业生涯以及继任者管理在内的、由人力资源部门实施的一种活动或选择，人才管理就是人力资源管理，但是需要更快完成这些任务，或者是需要站在企业的立场而不是相关部门的立场来完成这些任务（Olsen，2000）。

（2）人才库导向。这种观点认为人才管理是人才储备的一系列过程，其目的是保证企业的各个工作岗位都有充足的员工（Kesler，2002）。这一观点与人力资源规划的含义相类似，认为人才管理的主要任务是通过人力管理信息系统等应用，以高效率达成企业对员工的需求管理和连续性管理。

（3）人才一般性导向。这种观点认为人才管理的主要目标之一是寻找、录用优秀人才，并对这些人才进行不同等级的奖励，在对人才的管理过程中并不考虑人才的特殊作用及企业的特殊需求。企业对人才的管理强调的是人才使用的效率，而不是对候选人才的培养和选拔（Axelrod，2002）。根据此观点，人才可以被看作无差别的资源。

（4）战略导向。根据此观点，如果将人才管理看作一种战略，那么该战略可以认为是一些活动和过程，据此可以识别出促进企业发展的关键因素，以此为基础建立高潜力和高绩效的人才库，并建立相应的人力资源架构以对相关岗位的人才进行增补并确保他们对企业的发展遵守相应的承诺

（David，2009）。在此定义中，人才管理的战略导向重点关注影响企业竞争力发展的关键目标和因素。

4.1.3 人才管理目标与内容

对于企业来说，人才管理目标就是通过优化管理流程和制度，以实现企业人才管理水平的提高；结合本企业的需求，采取有针对性的人才招聘、人才培训及激励机制来提升管理效率；最终实现人才的最大价值，实现企业效益的最大化及企业的可持续发展（徐娟，2017）。

由于企业的人才管理目标服务于企业的发展，因此该目标应当根据企业的发展目标和战略来建立。也就是说，只有在充分考虑企业自身的组织情况和生产经营情况后，才能建立满足实际需要的人才管理目标和策略。此外，人才管理目标必然会对企业的人才管理具体活动产生指导作用，企业的人才资源开发与管理应当结合企业的特征，并且与企业的培训项目相联系（刘保红，2014）。

如前所述，企业的人才管理就是企业根据其自身的生产和经营状况，通过人才管理的相关措施，如人才招聘与录用、人才培训、人才考核和人才激励等，充分调动企业人才的积极性与创造性，为企业带来良好的经济效益和社会效益，保证企业持续健康发展。

一般来讲，人才管理内容表现在以下六个方面（布英，2020）。

（1）人才规划。企业根据其发展目标，对现有的人才状况进行评估，判断其能否满足企业未来发展的需求，并制定相关的人才管理政策和条例。

（2）招聘与配置。根据企业的人才规划目标，采用合法且科学的方法，将符合企业需求的高素质人才招聘进来，并根据人才特长安置在合适的岗位上。

（3）培训与开发。企业采取理论学习与实践操作等不同的方式对人才进行训练，以提高人才的知识与能力，使之更好地适应工作岗位的要求，并实现最高的工作效能。

（4）绩效管理。对人才制定绩效规划、实行绩效考核、调整绩效目标等一系列活动的周期性实施过程，其目的是提高人才的绩效。

（5）薪酬福利管理。根据国家相关政策、本地人才供求关系和薪酬水平，结合企业生产经营状态，制定科学合理的薪酬标准及支付方式等并实施。

（6）劳动关系管理。遵循依规守法和利益兼顾的原则，进行规范的制度管理，使企业和人才双方的权益得到保障，从而保持劳动关系的稳定和谐。

4.1.4　人才管理模式

管理模式是根据企业管理需要而设计的由管理理念、管理内容、管理工具、管理程序、管理制度、管理方法论和管理应用等构成的一个体系。为了实现人才管理的高效，必须建立健康的人才管理模式。人才管理模式是指通过长期的管理实践而形成的一套合理配置各类人才资源、科学规定人才的权利与责任、自动适应多变环境的规范化、标准化和制度化的管理体系（周娟，2009）。

人才管理模式大体可以分为以下三种类别（胡君辰等，2011）：

（1）重视人才的引进与培养流程，包括企业的人才规划、人才招聘、人才培训、人才管理等环节，重视对人才的培养与开发。

（2）关注人才库的建设，认真评估企业的人才能力发展现状，制定恰当的人才选拔机制，为不同人才确定适合的职位。

（3）关注企业人才潜能的发挥，采用相应的激励方式和策略，鼓励员工积极参与企业的事务和建设，增强员工对企业的归属感。

随着社会经济的发展、人们思想观念的变化及管理方法和技术的改进，人才管理制度也相应发生了变化。这种变化必然导致人才管理模式的变革。新型的人才管理模式具有以下特征（周娟，2009）：

（1）战略管理。知识经济的发展使人力资本在企业财富构成中占有更重要的地位，因此企业之间的人才争夺也日趋激烈。人才管理在企业中已上升到战略管理的层次，企业的战略管理以人才战略为核心，重视人才资源开发与绩效管理。

（2）柔性管理。柔性管理弱化了命令式的管理制度，强调人才的独立人格与个人尊严，代之以人才的自我约束，通过激发人才的积极性与创造性，实现个人与企业的目标融合与价值融合。

（3）动态管理。人才资源具有创造性和再生性，因此人才的价值并不是静态的。人才管理过程中需要进行动态管理和评估，特别是对人才潜在的能力要有正确的认识。

（4）人才保持。人才在企业发展中的作用越来越重要，企业优秀人才流失的风险也越来越大，如何采取更好的人才管理模式留住人才，是人才管理的关键。

（5）价值管理。企业人才具有知识与技能等价值，在选择服务企业时，各类人才会选择与其自身价值最为匹配的企业。对于企业而言，应当充分了解优秀人才的价值，采取更为优厚的待遇来吸引人才的加入，并从价值管理的角度构建新型的人才管理方法和策略。

4.2 咸宁高新区民营企业人才构成现状

4.2.1 咸宁高新区民营企业发展情况

咸宁高新区源于 2006 年 7 月成立的咸宁经济开发区，2015 年湖北省政府批复其更名为咸宁高新技术产业园区，2017 年 2 月升级为国家高新技术产业开发区。在这十几年的建设过程中，咸宁高新区无论是在产业规模方面还是在经济社会效益方面都取得了长足进步，各种类型的企业都发展迅速，具体经济指标见表 4-1。

表 4-1　咸宁高新区不同类型企业 2019 年经济指标

注册类型	入统企业数/家	年末从业人员总数/人	营业收入/元	净利润/元	出口总额/元
国有企业	2 864	1 841 587	4 064 449 342	250 474 516	119 715 664
集体企业	276	117 958	232 731 011	21 155 879	31 316 742
股份合作企业	452	50 432	50 167 567	2 680 839	3 757 314

续表

注册类型	入统企业数/家	年末从业人员总数/人	营业收入/元	净利润/元	出口总额/元
联营企业	109	13 242	14 322 459	552 468	93 547
有限责任公司	44 082	6 723 944	12 404 679 087	716 760 603	742 930 374
股份有限公司	9 685	3 479 735	5 991 340 381	527 030 109	528 922 992
私营企业	69 814	4 981 826	6 068 542 165	305 082 956	485 162 249
港澳台投资企业	4 815	2 088 028	3 759 142 800	371 504 040	691 982 773
外商投资企业	8 252	2 735 374	5 842 609 377	406 082 494	1 508 832 690
合计	141 147	22 134 834	38 554 943 142	2 609 743 541	4 137 147 073

数据来源：《中国火炬统计年鉴2020》。

根据表4-1中的数据可知，截至2019年底，咸宁高新区民营企业各项指标在所有企业类型中占比很高。入统企业数方面，民营企业的占比为97.97%；从业人员总数方面，民营企业的占比为91.68%；营业收入方面，民营企业的占比为89.46%；企业净利润方面，民营企业的占比为90.40%；出口总额方面，民营企业的占比为97.10%。

由此可知，咸宁高新区民营经济在所有经济类型中占有绝对的主导地位，可以通过高新区民营企业来反映高新区整体经济发展情况。

4.2.2 咸宁高新区民营企业人才结构现状

表4-2中列出了2019年底咸宁高新区从业人员与我国所有高新区从业人员人才结构的比较数据。从该表可以看出，咸宁高新区从业人员中大专学历以上的员工占比为45.5%，而全国平均水平为59.4%，差距还是十分明显的；咸宁高新区科技活动人员人数占比为12.00%，全国平均水平为21.05%，差距也较明显；从R&D人员的数量比例来看，咸宁高新区的占比为6.51%，全国平均水平为11.93%，差距也十分明显。

由此可知，相较于全国平均水平，咸宁高新区各类企业员工的学历水平、科技活动人员的人数以及R&D人员的人数都存在明显的差距，这种差距必然会影响到高新区的发展水平，因此急需改善这种状态。

表 4－2　咸宁高新区与全国高新区 2019 年人员结构比较

	人员总数	大专以上	科技活动人员	R&D 人员
咸宁高新区	73 024 人	33 223 人	8 757 人	4 752 人
百分比	100%	45.50%	12.00%	6.51%
全国高新区	22 134 832 人	13 068 849 人	4 659 444 人	2 641 454 人
百分比	100%	59.04%	21.05%	11.93%

数据来源：《中国火炬统计年鉴 2020》。

4.2.3　咸宁高新区人员效率分析

表 4－3 中列出了 2019 年底咸宁高新区与全国各地区高新区人员效率的比较数据。从该表可以看出，咸宁高新区高新技术企业数的比例为 51.17%，比中部地区平均水平（52.94%）略低，比全国高新区平均水平（56.38%）和东部地区平均水平（60.14%）也都要低，只是比西部地区和东北地区高新区平均水平略高。从人均营业收入来看，咸宁高新区为 1 370.49 千元，远低于全国平均水平 1741.82 千元/人，也低于其他地区高新区的平均水平。从人均工业总产值来看，咸宁高新区人均工业总产值为 1505.75 千元，又比全国及其他地区的高新区平均水平要高不少。

由此可知，咸宁高新区高新技术企业所占的比例还达不到中部地区和全国的平均水平，需要进行技术创新，增加高新技术企业的数量；咸宁高新区的人均营业收入比全国及其他地区的高新区平均水平差别很大，某种程度上应该也是由高新技术企业比例较低导致的，需要提高相关企业和人员的技术水平；咸宁高新区人均工业总产值比全国及其他地区的高新区平均水平都要高，表明咸宁高新区中工业企业占比非常高，制造业痕迹明显，从而导致其人均工业总产值非常高的现象，因此需要进一步优化产业结构，提高科技服务企业的比重。

表4-3　咸宁高新区与全国各地区高新区2019年人员效率比较

	入统企业数/个	高新技术企业数/个及占比	年末从业人员/人	人均营业收入/（千元/人）	人均工业总产值/（千元/人）
咸宁高新区	428	219（51.17%）	73 024	1 370.49	1 505.75
东部地区高新区	90 458	54 402（60.14%）	13 476 177	1 797.22	1 031.55
中部地区高新区	24 025	12 720（52.94%）	4 147 159	1 645.41	1 194.38
西部地区高新区	19 729	9 516（48.23%）	3 583 792	1 621.59	1 099.46
东北地区高新区	6 935	2 941（42.41%）	927 706	1 832.63	1 327.31
全国高新区	141 147	79 579（56.38%）	22 134 834	1 741.82	1 085.44

数据来源：《中国火炬统计年鉴2020》。

4.3　咸宁高新区人才创新价值评价

知识经济时代企业的竞争力可以通过人才的创新能力体现出来，而人才的创新能力可以通过企业创新型技术人才的价值来进行评估。

4.3.1　评价指标体系建立

4.3.1.1　评价因素

如何构建企业创新人才的评价指标，有很多学者进行了相关研究。如McClelland（1998）认为优秀人才的工作绩效可以通过很多个人特质来表征，如知识、技能、态度、价值观等，并将这些特征统称为胜任力。在此基础上，冰山模型被提出，并作为对胜任力进行描述的模型，用来对人才创新能力进行评价（赵伟等，2012；郭海玲等，2019）。此外，李瑞等

（2017）提出了工程技术类人才创新能力评价指标体系，王馨等（2020）建立了创新人才创新价值的评价指标体系，并进行了实证研究。

综合前面研究者的研究成果及相关专家的建议，结合高新区人才特征，本研究将高新区人才创新价值的评价因素总结为 6 个方面，分别是关于创新的知识、技能、成果、个性品质、动机和创新潜力。这 6 个因素的含义如表 4-4 所示。

表 4-4　高新区创新人才价值评价因素及含义

创新因素	含义
知识	人才具备的专业知识、经验及相应的基础知识
技能	包括专业技能、认知能力、思维能力和实践能力等
成果	通过知识与技能获得的有效的创新成果
个性品质	人才在创新方面体现出的一种性格特征及职业道德等因素的集合
动机	人才体现出来的对本专业创新的欲望，以及对本职工作的热爱
创新潜力	未来人才进行创新，并获得一定创新成果的潜力

4.3.1.2　评价指标

遵循科学性、系统性和可操作性原则，根据上文提出的创新人才价值评价的 6 个因素，结合咸宁高新区人才特点和相关领域专家的建议，建立了高新区创新人才价值评价的指标体系，包括 18 个指标，各个指标的权重采用熵权法进行确定，具体方法见后面章节，相应的指标及权重如表 4-5 所示。

表 4-5　高新区创新人才价值评价指标及其权重

创新因素	因素权重	评价指标	指标权重
知识	0.237	X_1（工作经验）	0.086
		X_2（基础知识）	0.062
		X_3（专业知识）	0.089
技能	0.163	X_4（专业技能）	0.079
		X_5（实践能力）	0.034
		X_6（表达沟通能力）	0.050

创新因素	因素权重	评价指标	指标权重
成果	0.128	X_7（成果数量）	0.058
		X_8（成果质量）	0.070
（个性品质）	0.152	X_9（事业心）	0.038
		X_{10}（执行力）	0.046
		X_{11}（心理素质）	0.068
动机	0.155	X_{12}（职业兴趣）	0.041
		X_{13}（创新意识）	0.044
		X_{14}（探索精神）	0.034
		X_{15}（参与意识）	0.036
创新潜力	0.165	X_{16}（学习能力）	0.035
		X_{17}（创新思维能力）	0.041
		X_{18}（解决问题能力）	0.089

4.3.2 评价方法

4.3.2.1 熵权法

熵权法是计算权重的常用方法之一，该方法源自信息熵理论。信息熵是信息论创始人香农提出的用于度量信息量大小的一个量度，表示消除不确定的大小。根据信息熵理论，某个指标的不确定性越大，则该指标的数值变化越小，从而信息熵值越高，也就是该指标提供的信息量越大；如果某个指标的不确定性越小，则该指标的数值变化越大，从而信息熵值越小，该指标提供的信息量也就越小。根据此原理可以确定每个指标的权重，此方法是根据指标数值本身的分布特征来计算的，是一种客观赋权法，可以避免主观赋权的随意性。

下面对熵权法的计算过程进行简要说明。

（1）数据的标准化

假定有 n 个考察要素，评价指标为 m 个，原始数据可以构成一个 $n \times$

m 矩阵，其中的元素为 x_{ij}（$i = 1, 2, \cdots, n$；$j = 1, 2, \cdots, m$），其矩阵表达式如下：

$$X = \begin{bmatrix} x_{11} & x_{12} & \cdots & x_{1m} \\ x_{21} & x_{22} & \cdots & x_{2m} \\ \vdots & \vdots & & \vdots \\ x_{n1} & x_{n2} & \cdots & x_{nm} \end{bmatrix} \qquad \text{式}(4-1)$$

由于各个指标的量纲可能不一致，因此需要对这些指标的取值进行标准化处理，标准化公式如下：

$$z_{ij} = \frac{x_{ij} - x_{j\min}}{x_{j\max} - x_{j\min}} \qquad \text{式}(4-2)$$

其中，x_{ij} 为第 i 个要素第 j 个指标的取值，$x_{j\min}$ 为第 j 个指标的最小值，$x_{j\max}$ 为第 j 个指标的最大值，z_{ij} 为第 i 个要素第 j 个指标标准化后的取值。

（2）概率计算

计算第 i 个要素第 j 个指标占该指标数值和的比重 p_{ij}，该比重也可以看作在第 j 个指标下第 i 个要素发生的概率，计算公式如下：

$$p_{ij} = \frac{z_{ij}}{\sum\limits_{i=1}^{n} z_{ij}} \qquad \text{式}(4-3)$$

（3）指标熵值的计算

对于第 j 个指标而言，其信息熵的值 e_j 为：

$$e_j = -\frac{1}{\ln n} \sum\limits_{i=1}^{n} p_{ij} \ln p_{ij}(j = 1, 2, \cdots, m) \qquad \text{式}(4-4)$$

（4）权重的计算

由于指标值变化越大，信息熵数值越小，而指标值变化越小，信息熵反而越大，因此每个指标的信息效用值与信息熵呈反方向变化，定义信息效用值 d_j 如下：

$$d_j = 1 - e_j \qquad \text{式}(4-5)$$

根据信息效用值可以计算出每个指标的权重 w_j 为：

$$w_j = \frac{d_j}{\sum\limits_{j=1}^{m} d_j} \qquad 式(4-6)$$

4.3.2.2 TOPSIS 法

TOPSIS（Technique for Order Preference by Similarity to an Ideal Solution）即"逼近于理想解的排序方法"，是一种针对多个指标对多个方案进行判别分析的方法。其基本思想是对归一化后的原始数据矩阵，计算各个指标的正理想解与负理想解，通过计算各个方案与正理想解和负理想解之间的加权距离来判定待选方案的优劣。该方法计算简单，对样本数据要求较少，能充分反映各个方案之间的差异，且结论可靠，因此应用较广。

TOPSIS 法的一般处理过程如下。

（1）数据的归一化

假定有 n 个考察要素，评价指标为 m 个，专家对第 i 个要素的第 j 个指标的评估值为 x_{ij}，则可以得到原始数据矩阵，该矩阵即式（4-1）。

计算中需要对矩阵进行归一化处理，得到归一化矩阵 V：

$$V = \begin{bmatrix} v_{11} & v_{12} & \cdots & v_{1m} \\ v_{21} & v_{22} & \cdots & v_{2m} \\ \vdots & \vdots & & \vdots \\ v_{n1} & v_{n2} & \cdots & v_{nm} \end{bmatrix} \qquad 式(4-7)$$

其中，

$$v_{ij} = x_{ij} / \sqrt{\sum_{j=1}^{m} x_{ij}^2} \, (i = 1,2,\cdots,n; j = 1,2,\cdots,m) \qquad 式(4-8)$$

（2）加权判断矩阵计算

将熵权法计算出来的 m 个指标的权重构成一个权重矩阵 W：

$$W = \begin{bmatrix} w_1 & 0 & \cdots & 0 \\ 0 & w_2 & \cdots & 0 \\ \vdots & \vdots & & \vdots \\ 0 & 0 & \cdots & w_m \end{bmatrix} \qquad 式(4-9)$$

将归一化矩阵 **V** 与 **W** 相乘，得到一个加权判断矩阵 **F**，计算公式如下：

$$\boldsymbol{F} = \boldsymbol{VW} = \begin{bmatrix} f_{11} & f_{12} & \cdots & f_{1m} \\ f_{21} & f_{22} & \cdots & f_{2m} \\ \vdots & \vdots & & \vdots \\ f_{n1} & f_{n2} & \cdots & f_{nm} \end{bmatrix} \qquad 式(4-10)$$

（3）计算正负理想解

正理想解f_j^*为：

$$f_j^* = \begin{cases} \max(f_{ij}), j \in J^* \\ \min(f_{ij}), j \in J' \end{cases} \quad (j = 1, 2, \cdots, m) \qquad 式(4-11)$$

负理想解f_j'为：

$$f_j' = \begin{cases} \min(f_{ij}), j \in J^* \\ \max(f_{ij}), j \in J' \end{cases} \quad (j = 1, 2, \cdots, m) \qquad 式(4-12)$$

其中，J^*为效益型指标，J'为成本型指标。

（4）计算距离

各个被考察要素与正、负理想解之间的欧式距离计算公式为：

$$S_i^* = \sqrt{\sum_{j=1}^{m} (f_{ij} - f_j^*)^2} \quad (j = 1, 2, \cdots, m) \qquad 式(4-13)$$

$$S_i' = \sqrt{\sum_{j=1}^{m} (f_{ij} - f_j')^2} \quad (j = 1, 2, \cdots, m) \qquad 式(4-14)$$

（5）计算各个被考察要素的相对贴近度，计算公式如下：

$$C_i^* = S_i'/(S_i^* + S_i') \quad (i = 1, 2, \cdots, n) \qquad 式(4-15)$$

（6）根据相对贴进度的大小对目标进行排序，形成决策依据。

4.3.3　数据获取

4.3.3.1　研究样本的确定

为了对咸宁高新区人才的创新价值进行评估，共选取 10 位创新型人才作为研究样本进行研究。这10位人员中有5位来自咸宁高新区，而另外5位是来自我国中部地区其他高新区的创新型人才。这样采样的目的是在外部条件大体相同的情况下，通过横向比较，对咸宁高新区人才的创新价值进行较为恰当的评价。

4.3.3.2　数据的获取

对这10位人员的各个指标进行打分时，首先通过调查问卷获取其相关信息，然后采取自我评估与专家打分相结合的方式，得到各个指标的分值。各个指标的打分规则如下。

X_1为工作经验，主要通过工作年限来体现，考虑到科研创新与年龄的关系，这里主要选取工作年限在20年内的员工，因此该指标取值范围为1～20。

X_2为基础知识，通过学历来体现，选取的人员的学历为本科以上，本科得分为3，硕士得分为4，博士得分为5，因此该指标取值范围为3～5。

X_3为专业知识，结合所学专业与工作的契合程度进行打分，由被调查者自己打分，契合程度采用百分制，取值范围为0～100。

X_4为专业技能，主要结合学习期间专业实践及工作期间的实践时间长短来确定，时间单位为年。

X_5为实践能力，用来反映解决实际问题的能力，是一种综合素质的体现，采用被调查者自己打分的方式，取值范围为0～100。

X_6为表达沟通能力，用来反映研究人员与他人交流的通畅程度，主要从语言表达的逻辑性、口齿清晰情况、语速和清晰度等方面考查，采用百分制，由被调查者打分。

X_7为成果数量，主要指研究人员公开发表的论文、专利、工程项目以及技术攻关方面的各项成果的数量，以上各项成果的数量即本指标的数值。

X_8为成果质量，将成果按照发表或者得奖的等级进行相应的赋值，如国家级、省级、市级以及企业级等，具体分值由专家打分确定，多项成果得分求和。

X_9为事业心，事业心是对从事的本职工作所保持的一种热情和追求进步的一种态度，可以采取被调查者自己评估的方式确定等级，然后专家打分确定分值。

X_{10}为执行力，执行力是完成预定目标的能力，对于个人而言就是完成任务的能力，这里可以采用工作以来按时保质完成工作的比例，以百分比的形式进行打分。

X_{11}为心理素质，心理素质包括的内容较广，这里主要涉及精神状态、心理适应力和保持良好心态等方面，采取被调查者自己评估的方式确定等级，然后专家打分确定分值。

X_{12}为职业兴趣，职业兴趣是对从事的职业具有的一种稳定而持久的心理倾向，对此指标的赋值也是采取被调查者自己评估的方式确定等级，然后由专家打分确定分值。

X_{13}为创新意识，X_{14}为探索精神，X_{15}为参与意识，这三个指标均反映了研究人员创新的动机因素，可以通过被调查者给出评估等级，然后专家打分的方式赋值。

X_{16}为学习能力，X_{17}为创新思维能力，X_{18}为解决问题能力，反映了研究人员的创新潜力，也是通过被调查者给出评估等级，然后专家打分的方式进行赋值。

根据前面的得分规则，可以得到这10位被调查者各项指标的得分，得分情况如表4-6所示。表中的T_1、T_3、T_5、T_7、T_9为其他高新区被调查者，而T_2、T_4、T_6、T_8、T_{10}为咸宁高新区被调查者。

表4-6 10位被调查人员各指标得分

	x_1	x_2	x_3	x_4	x_5	x_6	x_7	x_8	x_9
T_1	4	5	30	3.4	90	90	10	45	7
T_2	5	4	90	4.3	76	80	5	18	2
T_3	7	4	60	5.5	88	78	4	13	8
T_4	8	4	65	6.7	86	80	8	32	4
T_5	12	3	45	8.4	65	78	2	5	5
T_6	6	5	35	2.5	94	90	6	25	10

续表

	x_1	x_2	x_3	x_4	x_5	x_6	x_7	x_8	x_9
T_7	3	5	80	4.2	85	85	12	48	8
T_8	5	4	100	4.5	75	64	6	21	9
T_9	8	3	55	4	80	80	7	30	9
T_{10}	3	4	30	2.6	90	65	3	6	6

	x_{10}	x_{11}	x_{12}	x_{13}	x_{14}	x_{15}	x_{16}	x_{17}	x_{18}
T_1	90	5	75	88	90	85	86	91	9
T_2	78	5	65	68	80	60	78	80	7
T_3	95	2	78	70	65	80	87	68	6
T_4	88	4	65	75	75	90	90	80	9
T_5	80	2	83	50	75	75	65	76	6
T_6	75	4	60	85	80	78	78	92	6
T_7	92	4	85	90	85	90	80	87	9
T_8	86	3	90	85	84	75	75	90	8
T_9	85	3	88	90	86	73	74	90	8
T_{10}	86	3	50	45	76	70	83	75	8

4.3.4 结果分析

4.3.4.1 创新因素权重分析

针对表4－6中的数据，通过 R 语言编程实现熵权法计算，得到咸宁高新区人才创新价值评价各个因素以及指标的权重，计算结果见表4－5。

根据计算结果可以看出，在 6 个创新因素中，其权重大小排序为知识＞创新潜力＞技能＞动机＞个性品质＞成果。由此可以看出，在这 6 个因素中，对创新价值影响最大的因素为知识，成果从整体上看并不是最重要的。

如果从评价指标层次看，权重比较大的指标分别为专业知识（0.089）、解决问题能力（0.089）、工作经验（0.086）、专业技能（0.079）和成果质量（0.070）。由此可以看出，人才创新价值的大小更多还是通过知识、技能和科研成果等显性特征体现。

4.3.4.2 TOPSIS 分析

通过 R 语言编程计算，可以得到相应计算结果，分别如表 4 - 7、表 4 - 8、表 4 - 9 所示。

表 4 - 7 正理想解各指标取值

指标	x_1	x_2	x_3	x_4	x_5	x_6	x_7	x_8	x_9
取值	0.049 9	0.023 4	0.044 1	0.042 8	0.012 3	0.017 8	0.031 9	0.037 7	0.016 7
指标	x_{10}	x_{11}	x_{12}	x_{13}	x_{14}	x_{15}	x_{16}	x_{17}	x_{18}
取值	0.016 2	0.029 4	0.015 6	0.016 3	0.012	0.013 3	0.012 3	0.014 2	0.032 9

表 4 - 8 负理想解各指标取值

指标	x_1	x_2	x_3	x_4	x_5	x_6	x_7	x_8	x_9
取值	0.012 5	0.014 1	0.013 2	0.012 7	0.008 5	0.012 6	0.005 3	0.003 9	0.003 3
指标	x_{10}	x_{11}	x_{12}	x_{13}	x_{14}	x_{15}	x_{16}	x_{17}	x_{18}
取值	0.012 8	0.011 8	0.008 7	0.008 2	0.008 7	0.008 8	0.008 9	0.010 5	0.021 9

表 4 - 9 被调查者创新价值排序

Tid	正方案距离	负方案距离	相对贴近度	排序
T_1	0.053 836 97	0.052 111 73	0.491 858 1	3
T_2	0.057 241 74	0.045 279 84	0.441 661 6	6
T_3	0.049 928 74	0.033 885 36	0.404 291 9	8
T_4	0.045 966 94	0.041 875 68	0.476 712 5	4
T_5	0.045 291 03	0.037 850 90	0.455 256 5	5
T_6	0.073 316 19	0.013 187 90	0.152 454 0	10
T_7	0.031 004 20	0.049 684 35	0.615 754 6	1
T_8	0.047 477 85	0.052 796 25	0.526 519 3	2
T_9	0.058 047 26	0.031 154 93	0.349 261 9	9
T_{10}	0.052 753 30	0.035 825 82	0.404 449 9	7

根据表 4-9 可知，咸宁高新区的 5 位被调查者 T_2、T_4、T_6、T_8、T_{10}，其创新价值的排序分别为 6、4、10、2、7，而中部地区其他高新区的 5 位被调查者 T_1、T_3、T_5、T_7、T_9 的创新价值排序分别为 3、8、5、1、9。

根据排序情况可知，咸宁高新区人才创新价值评价结果的位置值平均值为 5.8，方差为 3.033，而中部地区其他高新区人才创新价值评价结果的位置值平均值为 5.2，方差为 3.345。这表明从整体创新价值来看，咸宁高新区人才创新价值比中部地区其他高新区稍低，但是分布较为集中，而其他高新区人才创新价值总体稍高，但是分布较为分散。

4.4 咸宁高新区民营企业人才工作满意度分析

4.4.1 工作满意度概述

4.4.1.1 工作满意度含义

目前，工作满意度还没有一个统一的含义，不同的研究者从不同的角度给出了不同的定义，大体以下有三种。第一种定义为综合性满意（Overall Satisfaction），该定义的主要目的是分析人才的工作态度，在对人才工作态度评估的基础上，对人才的满意度进行定义和解释（Kalleberg，1977）。第二种定义为期望差距（Expectation Discrepancy），这种差距反映了人才的期望价值与其实际价值的差异，一般是通过比较人才实际获得的薪酬与其期望获得的薪酬等方法计算，差距的大小一般反映了人才对工作或职位的满意度（Porter，1968）。第三种定义为参考框架（Frame of Reference），通过探测人才对工作环境多个影响因素的认识和评价及情感反应来评判，这种定义强调工作满意度的复杂性，要重视对工作满意度构成因素的评价，以及人才对其工作环境的多侧面的情感反应（Comm，2000）。

国内学者对于工作满意度的阐述也有所差异，如有的认为工作满意度的主要表现形式是员工对其所从事工作的主观感受和情绪；有的认为工作满意度实质是员工的情绪反应，来源于员工对其工作的预期价值与实际价值之间的差距，这种差距的大小决定了满意度的高低；还有的认为工作满意度是一种主观感受，是员工在对工作环境认知的基础上将实际与期望价值比较之后产生的（梁海涛，2017）。比较国内外学者的阐述可知，这些工作满意度的含义有相同的地方，也存在差异。

综上所述，工作满意度是一种心理状态，人才工作满意度通常是指人才在某个企业工作的过程中，通过生理和心理等多种途径感知到的关于其从事的工作以及与工作相关的某些因素如人际关系、工作压力、工作环境等，从而形成的一种正向的心理感受。

工作满意度是人才对其工作的一种情感反应和态度，需要对其工作及相关环境进行评价后才能形成这种情绪和体验。

4.4.1.2　工作满意度影响因素

作为一种心理感受，工作满意度受多种因素的影响，这些因素从类型上分主要有物理环境、社会环境和个人心理三种。其中物理环境主要是指员工工作场所的环境及设施，社会环境主要是指工作单位所处的地位及管理制度等方面的条件，个人心理主要是指员工对所在工作单位及工作本身的看法、认识和态度。

这些影响因素具体可以概括为以下几个方面。第一是工作本身，一般而言，企业员工更喜欢从事能够充分展示自己知识和能力的工作，这些工作具有一定的挑战性，从而能够更好地激发员工的工作热情。第二是工作的报酬，工作报酬最为直接和明确地体现了员工的工作价值，满意的报酬最能让员工达成工作满意度。第三是工作环境，良好的工作环境是顺利完成工作的保障，同时也体现了对员工身心的关怀，工作环境包括安全性和舒适性等要求，也包括现代化的设备设施及工作场所的通勤距离等。第四是人际关系，员工在企业中工作：一方面为了完成工作，需要不同工种之间的相互配合，良好的人际关系是顺利完成工作、提高效率的保障；另一方面，工作可以满足员工的社交需求，因此也需要建立良好的人际关系。第五是人格与工作的匹配，只有当员工的人格与工作匹配度较好时，员工才能达成更好的工作满意度。

4.4.1.3 工作满意度测量方法

如前所述，工作满意度是一种主观感受，很难通过某个工具测量出来。一般采取间接的方法来进行分析，主要有以下一些方法（罗宾斯，1997）。

（1）单一整体评估法，这种方法是通过某种方式对员工进行调查，测量他们对工作的总体满意程度。此方法简单易行，但只是员工对其工作满意程度的一种模糊的和定性的描述，无法对产生问题的原因进行探讨，因而也不利于问题的解决。

（2）要素综合评分法，首先确定影响工作满意度的因素，然后建立相应的指标体系，在此基础上设计调查表获取相关数据，采取综合的方法进行分析。这种方法较为复杂，但是能够比较全面地了解影响员工工作满意度的因素及影响程度，有利于问题的解决。

（3）观察法，是一种简单高效的单向调查法，通过观察来收集员工对其工作满意程度的信息，但是这种方法要求观察者具备较强的专业知识和观察技能。

（4）访谈法，这种方法注重与员工的沟通，具备双向交流的特点，因此通过访谈的方式来调查员工对工作的满意程度，能够及时与员工进行反馈，能够获取真实和详细的资料和信息，且形式较为灵活。这种方法在效率和成本方面有所欠缺，对访谈者的沟通和交流能力也有较高的要求。

4.4.1.4 工作满意度量表

工作满意度量表是用来测量反映员工对工作满意程度的相关概念和指标的工具，由于这些概念和指标往往是主观和抽象的，因此需要采用合适的规则对这些概念和指标进行等级分配，从而得到不同测量水平的表格和数据。

（1）Minnesota 量表，该量表由长式量表和短式量表两个类型组成，其中长式量表包含的内容广泛，包含了 20 个类别的问题，如工作环境、员工的发展、员工的福利、员工的管理等，长式量表能够比较完整地涵盖员工满意度调查的各个方面，但是需要花费更长的时间，且对测试人员有一定的要求；短式量表包括 3 种类型，其中内在量表主要关注员工的个人素养等因素，外在量表关注的是员工成长环境、人际关系等，一般量表关注的是这二者的结合（Weiss，1967）。

（2）工作描述量表，也称 JDI（Job Description Index）量表，该量表从工作本身、员工薪酬、员工的升迁、公司领导与同事这 5 个方面建立了20 个项目来对员工的工作满意度进行测量（Smith，1969）。由于通用性强且方法简单，这种工作量表应用十分广泛。

（3）工作满意度量表，该量表考虑的因素包括员工工资、人际关系、管理方式等 9 个方面，每个因素又包含了 4 个指标，这些指标一起构成了工作满意度量表（Paul，1997）。

根据上面的几种量表可知，尽管不同的研究者建立的量表内容有所区别，但是都涉及一些核心的要素，如工作环境、员工薪酬、人际关系等。因此，在本节后面的因子和指标选取中，会综合考虑不同研究者的研究成果，建立科学的指标体系。

4.4.2 咸宁高新区人才满意度现状

4.4.2.1 问卷设计

为了分析咸宁高新区人才满意度的现状，进而探讨各因素对人才满意度的影响力大小，本研究设计了咸宁高新区人才满意度调查问卷来获取数据。

为了使设计的问卷能够更加符合实际，设计时必须遵循以下原则：

（1）科学性原则。要求在充分考虑咸宁高新区人才工作满意度分析总体特征的基础上，制定科学的因素与指标体系，使该指标体系能够较好地体现所研究问题的要求，且各个指标之间的排列与次序应当符合被调查者的心理习惯，以达成最好的研究效果。

（2）完整性原则。在借鉴相关研究的指标体系基础上，建立反映人才工作满意度各个层面的因素与指标体系，尽量从各个侧面提供相关数据，以保证分析结果的准确性。

（3）明晰性原则。设计问卷应当目的明确，重点突出，在描述问题时用最简洁和明白的语言与表述方式，避免语言存在歧义的现象，同时对某些问题采取相应的提问技巧，避免一些暗示性的问题。

问卷内容主要包括两个部分：

（1）个人基本信息，主要包括高新区人才的性别、年龄、受教育程度、工作年限和婚姻状况等内容。

（2）工作满意度信息，主要包括高新区人才的工作环境、工资福利、考核制度、职业规划和企业文化五个方面的内容。

4.4.2.2　调查数据的描述性分析

本次调查的对象主要为咸宁高新区民营企业，被调查者主要为相关企业中的各类员工，包括管理人员、技术人员、销售人员和车间工人等。

本次研究的调查问卷主要通过网络方式发放，也有少量纸质问卷发放，两种方式一共收回有效问卷 186 份。根据这些问卷信息，可以对高新区人才的基本信息进行描述性统计，统计结果如表 4-10 所示。

表 4-10　调查数据的描述性统计

项目	类别	数量/人	百分比/%	项目	类别	数量/人	百分比/%
性别	男	101	54.3	婚姻	未婚	79	42.5
	女	85	45.7		已婚	107	57.5
年龄	<25 岁	44	23.7	工作年限	<1 年	43	23.1
	26~30 岁	47	25.3		1~3 年	49	26.3
	31~40 岁	36	19.4		4~6 年	38	20.4
	41~50 岁	30	16.1		7~10 年	37	19.9
	50 岁	29	15.6		10 年	19	10.2

项目	类别	数量/人	百分比/%	项目	类别	数量/人	百分比/%
教育程度	高中及以下	80	43.0	年薪	≤5 万元	35	18.8
	专科	34	18.3		5 万~8 万元（含）	47	25.3
	本科	38	20.4		8 万~10 万元（含）	41	22.0
	硕士	29	15.6		10 万~15 万元（含）	45	24.2
	博士	5	2.7		>15 万元	18	9.7
职位	基层员工	162	87.1	公司规模	<100 人	51	27.4
	部门主管	21	11.3		100~500 人（不含）	66	35.5
	高层	3	1.6		≥500 人	69	37.1

根据表 4-10 中调查数据，咸宁高新区民营企业员工描述性统计特征如下。

（1）性别与婚姻状况。咸宁高新区被调查人员中男女性别百分比分别为 54.3% 和 45.7%，表明高新区民营企业人员性别构成中男性比女性稍多。从婚姻状况看，已婚员工与未婚员工的百分比分别为 57.5% 和 42.5%，说明高新区民营企业中已婚员工较未婚员工多，这种情况一般会有利于企业留住人才。

（2）年龄结构。咸宁高新区被调查人员中，年龄在 25 岁以下的占比为 23.7%，26 岁到 30 岁的员工占比为 25.3%，31 岁到 40 岁的员工占比为 19.4%，41 岁到 50 岁的员工占比为 16.1%，50 岁及以上的员工占比为 15.6%。从人才的年龄分布特征来看，30 岁以下的员工所占的比例较大，占到员工数量的近一半，50 岁以上的比例较小。各年龄段的人员分布如图 4-1 所示，表明高新区民营企业员工年龄结构较为合理，整体较为年轻。

（3）工作年限。在咸宁高新区的被调查人员中工作年限的分布情况为：工作不满一年的员工占比为 23.1%，工作年限为 1~3 年的员工占比为 26.3%，工作年限为 4~6 年的员工占比为 20.4%，工作年限为 7~10

年的员工占比为 19.9%，工作年限大于等于 10 年的员工占比为 10.2%。
从人员工作年限分布来看，工作年限在 6 年以下的员工占到了总数的 70%
左右，超过 10 年的员工比例较小。人员工作年限的分布如图 4 - 2 所示，
这种人员分布状况应当与咸宁高新区的建立时间比较短有关。

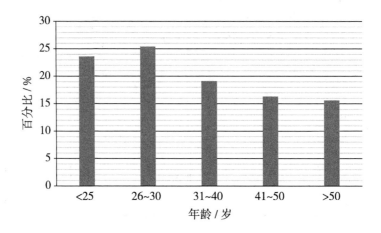

图 4 - 1　咸宁高新区民营企业人才年龄分布图

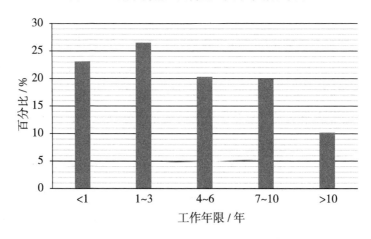

图 4 - 2　咸宁高新区民营企业人才工作年限分布图

（4）受教育程度。咸宁高新区被调查人员的受教育程度情况如图 4 - 3
所示，其中高中及以下文化程度占比为 43.0%，专科文化程度占比为
18.3%，本科占比为 20.4%，硕士占比为 15.6%，博士占比为 2.7%。从
人员受教育程度的分布特征来看，咸宁高新区民营企业的人员中专科以下

的占比超过了6成，这种学历构成对于一般机器的操作问题不大，但是如果是高新技术产业，就会受到一定程度的制约。

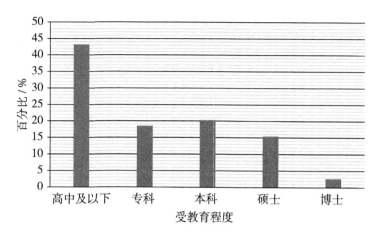

图4-3 咸宁高新区民营企业人才受教育程度分布图

（5）年薪。根据调研数据，咸宁高新区被调查人员的年薪分布如图4-4所示，其中年薪5万元及以下的占比为18.8%，年薪5万~8万元的占比为25.3%，年薪8万~10万元的占比为22.0%，年薪10万~15万元的占比为24.2%，年薪大于15万元的人员占比为9.7%。总体看来，咸宁高新区员工工资水平还有待提高。

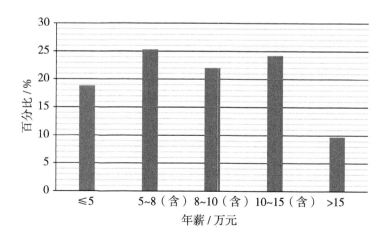

图4-4 咸宁高新区民营企业人才年薪分布图

（6）职位与公司规模。根据此次调查问卷结果，咸宁高新区被调查者中各类人才在职位方面的分布为：基层员工的占比为87.1%，部门主管占比为11.3%，高层管理人员占比为1.6%。在公司规模方面，员工所在企业按规模大小分为三个等级，分别为小于100人、100~500人以及大于等于500人，相应的占比分别为27.4%、35.5%和37.1%。

4.4.2.3　工作满意度现状分析

（1）工作环境的满意度

宏观的工作环境包括企业的地理位置、企业的行业属性、企业的影响和企业的发展前景等要素。根据调查结果可知，咸宁高新区民营企业员工对企业的宏观环境满意程度表现不一。对于企业的地理位置，有33.7%的被调查者表示不够理想，45.4%的被调查者表示可以接受，而20.9%的被调查者不太关心这个因素；对于所在企业的行业属性、企业的影响力和企业的发展前景，有41.1%的被调查者表示不够理想，25.4%的被调查者表示可以接受，而33.5%的被调查者表示不太清楚这些问题。

微观的工作环境包括员工的工作环境舒适度、工作设备先进程度、配套设施如食堂、图书馆、健身场馆等的完善程度。根据调查数据可知，对工作环境舒适度、工作设备先进程度及配套设施完善程度这三个方面表示满意的被调查者比例分别为23.1%、41.3%和15.6%，对这三个方面表示不太满意的比例分别为51.2%、30.1%和64.8%，对这三个方面表示没有关注的比例分别为25.7%、28.6%和19.6%。由此可知，相应员工对于咸宁高新区民营企业的微观工作环境的满意程度还有待优化。

（2）工资福利的满意度

员工的工资福利包括薪酬、保险金、各类奖金、休假及各项物资奖励等。根据调查数据显示，咸宁高新区民营企业员工的"五险一金"基本上覆盖了所有员工；从对工资水平的满意程度来看，51.4%的被调查者对目前的工资水平较为满意，48.6%的被调查者对自己的工资水平不太满意；从奖金制度和奖金类型方面来看，全勤奖和绩效奖是所有员工都有的奖励类别，而年终奖并不是所有的企业都会设置，大约有61.4%的被调查者所在企业设置了年终奖，还有 17.3% 的员工所在企业设置了年度服务奖；从奖金的总体满意程度来看，37.5% 的被调查者表示对奖金制度和类型比较满意，而 62.5% 的被调查者表示不太满意。

在休假制度方面，36.3% 的被调查者表示所在企业会正常休假，45.6% 的被调查者所在企业会占用部分休假时间，18.1% 的被调查者所在企业会占用大部分休假时间；在物资奖励方面，有 54.2% 的被调查者所在企业会在主要节日发放相关慰问物资，更多的是在年底春节期间发放相关物资。

（3）绩效考核的满意度

绩效考核满意度主要从考核的内容、考核的频率和考核的公平性方面来体现。从绩效考核的内容来看，完整的考核应当是员工对企业规章制度的遵守、个人业绩、工作态度、工作能力以及创新能力等多个方面。根据调查数据显示，目前在咸宁高新区民营企业中，65.6% 的被调查者所在企业主要考核员工的业绩，44.3% 的被调查者所在企业对员工遵守规章制度的情况进行了考核，而对工作态度、工作能力考核的比重只占 10.4% 和 3.5% 。

从考核的频率来看，按照年、季度、月考核的情况，也有两年或三年考核一次的情况，但大部分是每年考核一次。在考核的公平性方面，46.7% 的被调查者认为企业在考核的过程中比较公平，有 35.2% 的被调查者认为不公平，其余 18.1% 表示不关注。

（4）职业规划的满意度

职业规划的满意度主要是从企业员工的职位或职称的晋升角度来考虑，包括员工在单位的晋升渠道、晋升资格和晋升机会等。根据调查结果可知，咸宁高新区民营企业中有 21.3% 的被调查者对他们的职位晋升制度比较清楚，59.5% 的被调查者表示对其单位的晋升制度不太清楚，19.2% 的被调查者表示从未关注其单位的晋升制度。由此可以看出，大多数企业都制定了相关的晋升制度，可能是宣传方面的原因，导致很多员工对相关的制度不是很了解。当然也有可能是员工本身的原因，因为根据调查了解，很多员工自身也没有对自己的职业生涯进行规划。

从晋升资格和机会方面看，大多数企业是根据员工的学历、工作年限、人际关系和工作能力几个方面来实施的，被调查者中相应的比例分别为 11.3%、27.5%、12.4% 和 47.1%。由此可以看出，大部分员工的职位晋升主要还是凭借其出色的工作能力来实现的，因此相对来说还是比较公平。从结果也可以看出，根据工作年限论资排辈以及按照人际关系来实现职位晋升也占有一定比例，应当是与民营企业的性质有关。相对来说，学历在员工晋升方面显得不是非常重要，应当也与民营企业比较重视实践能力有关。

（5）企业文化满意度

企业文化满意度主要从企业对员工的关爱、企业组织的文娱活动、员工工作时间和人际交往等几个方面进行考察。企业举办集体活动，不但可以丰富员工的业余生活，解决员工生活中的一些实际问题，还可以增强企业的凝聚力。根据调查，大多数企业经常采取的活动形式有聚餐、联谊会、免费旅游、相亲会等，分别占到 70.5%、38.5%、28.4%、20.8%，可以看出，组织员工聚餐是企业举办集体活动的重要方式。

从加班时间上看，有 27.1% 的被调查员工能够保证双休且没有加班；有 35.4% 的被调查者会有加班，但是对双休一般不会产生影响；有 23.5% 的被调查者经常加班，不仅没有双休，其他节假日也可能得不到完整的休息。从加班报酬方面来看，75.3% 的被调查者表示其单位会按照国家要求提供双倍的报酬，但是也有 15.4% 的企业并没有严格执行该标准。

从人际交往方面来看，有 35.2% 的被调查者表示很少与同事进行交流；43.1% 的被调查者表示与其他同事有过一些交流，但是交流不够深入；21.7% 的被调查者表示与其他同事有较为深入的交流。根据调查，管理层员工与普通员工的交流也不是很通畅，大约有 23.4% 的被调查者认为交流比较好，有 44.2% 的被调查者认为交流比较差，其余 32.4% 的被调查者表示对这个不太了解。

4.4.3 咸宁高新区民营企业人才满意度因素分析

4.4.3.1 指标体系

为了对咸宁高新区民营企业人才满意度的影响因素进行定量分析，本研究通过对这些企业的相关员工发放调查问卷，获取相关数据进行分析。根据研究问题的要求，这里选取了反映高新区民营企业人才满意度的 16 个要素，并根据调查问卷的结果进行赋值，从而得到进行定量分析的初始数据。这 16 个要素及其名称如表 4–11 所示。

表 4–11　咸宁高新区民营企业人才满意度影响因素

变量	名称	变量	名称
X_1	工资水平	X_9	上升渠道
X_2	福利待遇	X_{10}	职业规划
X_3	企业行业	X_{11}	职业培训
X_4	同行业地位	X_{12}	加班情况
X_5	企业区位	X_{13}	企业文化
X_6	发展前景	X_{14}	交通距离
X_7	工作环境	X_{15}	考核办法
X_8	工作压力	X_{16}	人际关系

4.4.3.2　因子分析法

因子分析法从分析变量内部相关的依赖关系出发，对于复杂的系统问题，用个数最少的不可测的公共因子的线性函数与特殊因子之和来描述原来的观测变量，因而可以用比较少的公共因子反映原来观测变量的大部分信息。

（1）用主成分分析法估计因子载荷矩阵

①数据标准化。将原始观测数据进行标准化处理，以消除这些变量在数量级上的不同以及量纲上的差异。

假设有 n 个样本，每个样本有 m 个指标 X_1，X_2，$\cdots$，X_m，则观测样本矩阵 X 为

$$X = \begin{bmatrix} X_{11} & X_{12} & \cdots & X_{1m} \\ X_{21} & X_{22} & \cdots & X_{2m} \\ \vdots & \vdots & & \vdots \\ X_{n1} & X_{n2} & \cdots & X_{nm} \end{bmatrix} \qquad 式(4-16)$$

将数据矩阵作标准化处理，即对样本矩阵中的各个元素作标准化变

换，公式为：

$$Y_{ij} = (X_{ij} - \overline{X}_j) / S_j \qquad 式（4-17）$$

其中，Y_{ij} 为标准化变量，X_{ij} 为第 i 个样本的第 j 个指标的值，各指标的平均

值 $\overline{X}_j = \sum_{i=1}^{n} X_{ij}/n, S_j = \sqrt{\sum_{i=1}^{n} (X_{ij} - \overline{X}_j)^2/(n-1)}$ 。

②计算标准化数据的相关系数矩阵

相关系数矩阵 $\boldsymbol{R}$ 为：

$$\boldsymbol{R} = \begin{bmatrix} r_{11} & r_{12} & \cdots & r_{1m} \\ r_{21} & r_{22} & \cdots & r_{2m} \\ \vdots & \vdots & & \vdots \\ r_{m1} & r_{m2} & \cdots & r_{mm} \end{bmatrix} \qquad 式（4-18）$$

其中，r_{ij} 为变量 X_i 与 X_j 之间的相关系数，其计算公式为：

$$r_{ij} = \frac{\sum_{k=1}^{n} (x_{ki} - \overline{x}_i)(x_{kj} - \overline{x}_j)}{\sqrt{\sum_{k=1}^{n} (x_{ki} - \overline{x}_i)^2 \sum_{k=1}^{n} (x_{kj} - \overline{x}_j)^2}} \qquad 式（4-19）$$

③求相关系数矩阵 $\boldsymbol{R}$ 的特征值和特征向量

首先求出相关系数矩阵 $\boldsymbol{R}$ 的特征值 λ_i，并按大小顺序排列，即 $\lambda_1 \geqslant \lambda_2$ $\geqslant \cdots \geqslant \lambda_m \geqslant 0$，然后分别求出对应于特征值 λ_i 的特征向量单位 l_i（$i=1$，2，$\cdots$，m）。这里要求 $\sum_{j=1}^{m} l_{ji}^2 = 1$，其中 l_{ij} 表示向量 l_i 的第 j 个分量。

④计算方差贡献率与累计方差贡献率

每个主成分 z_i 的方差贡献率计算公式为：

$$z_i = \lambda_i \Big/ \sum_{k=1}^{m} \lambda_k \quad (i = 1, 2, \cdots, m) \qquad 式（4-20）$$

方差的累计贡献率为：

$$\sum_{k=1}^{i} \lambda_k \Big/ \sum_{k=1}^{m} \lambda_k \quad (i = 1, 2, \cdots, m) \qquad 式（4-21）$$

⑤确定因子个数

一般取累计贡献率达到 85% ~95% 的特征值 λ_1，λ_2，$\cdots$，λ_p 所对应的

p个因子。

⑥计算因子载荷矩阵

矩阵中元素α_{ij}计算公式为：

$$\alpha_{ij} = \sqrt{\lambda_j I_{ji}} \qquad\qquad 式（4-22）$$

得到因子载荷矩阵A为

$$A = \begin{bmatrix} \alpha_{11} & \alpha_{12} & \cdots & \alpha_{1p} \\ \alpha_{21} & \alpha_{22} & \cdots & \alpha_{2p} \\ \vdots & \vdots & & \vdots \\ \alpha_{m1} & \alpha_{m2} & \cdots & \alpha_{mp} \end{bmatrix} \qquad\qquad 式（4-23）$$

（2）统计量计算

因子分析的任务需要建立因子模型，找出共性因子变量，计算共性因子得分，并对共性因子变量作出合理的解释。在解释的过程中，需要用到由载荷矩阵产生的两个统计量，分别为变量共同度和公共因子的方差贡献。

①变量共同度

变量共同度h_i^2是因子载荷矩阵A的第i行的元素的平方和，即

$$h_i^2 = \sum_{j=1}^{p} \alpha_{ij}^2 \quad (i = 1,2,\cdots,m) \qquad 式（4-24）$$

该统计量可以表示全部公共因子对X_i的方差所作出的贡献，反映了全部公共因子对变量X_i的影响，h_i^2越大，说明变量X_i对每一个分量的依赖程度越大。

如果该统计量的值接近变量X_i的方差，且相应的特殊因子非常小，则因子分析的效果比较好，从原变量空间到公共因子空间转换质量较高。

②公共因子的方差贡献

该统计量g_j^2为因子载荷矩阵A的第j列元素的平方和，即

$$g_j^2 = \sum_{i=1}^{m} \alpha_{ij}^2 \quad (j = 1,2,\cdots,p) \qquad 式（4-25）$$

该统计量表示第j个公共因子对每一个变量X_i（$i=1, 2, \cdots, m$）所

提供的方差的总和，用来衡量公共因子的相对重要性。该统计量的值越大，表明公共因子对变量的贡献越大，或者说对变量的影响和作用越大。

（3）因子旋转

找出主因子后，还需要弄清楚每个主因子的含义，以便对实际问题进行分析。如果求出主因子后，其典型的代表变量不是很突出，需要进行因子旋转，通过适当的旋转得到比较满意的主因子。

因子旋转就是使因子载荷矩阵中因子载荷的平方值向 0 和 1 两个方向分化，使得大的载荷越大，小的载荷越小。由于因子旋转后对应的轴有正交和斜交（非正交）两种情况，因此对应的因子旋转也分为正交旋转和斜交旋转两种类型。最常用的正交旋转法是最大方差正交旋转法。

4.4.3.3　结果分析

（1）信度和效度分析

采用 Cronbach α 系数进行信度检测。一般来说，当 α≥0.7 时，表明调查问卷的可靠性和一致性较高，结果可信；当 0.6≤α<0.7 时，表明调查结果的可靠性可以接受；如果 α<0.6，则信度达不到要求，问卷需要进行调整。使用 SPSS 软件中的分析工具，可以计算出咸宁高新区民营企业员工工作满意度问卷调查信度分析的结果，其 Cronbach α 系数为 0.912，远远大于 0.7 的要求，表明各个指标的各个维度都具有较高的可靠性和一致性。

采用 SPSS 因子分析中的 KMO 和 Bartlett 球形检验对调查数据进行效度分析，根据计算得到 KMO 统计量值为 0.851，近似卡方值为 131.244，显著性为 0.000，表明该数据的效度显著满足要求，可以进行因子分析。

（2）主成分分析

采用主成分分析方法来计算各个主成分的特征值以及方差和累积方差，计算结果如表 4-12 所示。根据表 4-12 中的数据可知，初始特征值大于 1 的主成分有 6 个，这 6 个主成分的累积方差为 85.327%，大于 85% 的要求，因此可以取这 6 个主成分作为因子分析的因子。

表 4 - 12 主成分方差及累积方差

主成分	初始特征值			提取平方和载入			旋转平方和载入		
	合计	方差/%	累积/%	合计	方差/%	累积/%	合计	方差/%	累积/%
1	3.222	20.134	20.134	3.222	20.134	20.134	3.037	18.981	18.981
2	3.025	18.905	39.039	3.025	18.905	39.039	2.694	16.835	35.816
3	2.794	17.463	56.503	2.794	17.463	56.503	2.406	15.038	50.854
4	1.874	11.710	68.213	1.874	11.710	68.213	2.370	14.812	65.666
5	1.564	9.775	77.988	1.564	9.775	77.988	1.619	10.116	75.782
6	1.174	7.339	85.327	1.174	7.339	85.327	1.527	9.545	85.327
7	0.925	5.781	91.109						
8	0.562	3.514	94.623						
9	0.411	2.569	97.192						
10	0.238	1.489	98.681						
11	0.133	0.833	99.513						
12	0.061	0.381	99.894						
13	0.017	0.106	100.000						
14	0.000	0.000	100.000						
15	0.000	0.000	100.000						
16	0.000	0.000	100.000						

（3）因子载荷矩阵计算

为了更好地解释各个因子的含义，对得到的因子进行因子旋转操作，采取的旋转方法为最大方差正交旋转法，同时对旋转结果按照因子进行大小排序，得到的旋转成分矩阵如表 4 - 13 所示。

表 4 - 13 旋转成分矩阵

变量	因子					
	1	2	3	4	5	6
X_7	**0.898**	0.213	-0.202	-0.057	-0.046	-0.031
X_5	**0.821**	0.023	0.274	0.356	0.087	-0.038

续表

变量	因子					
	1	2	3	4	5	6
X_{16}	**0.621**	-0.094	-0.032	0.356	-0.376	0.394
X_{14}	**0.615**	-0.411	0.415	-0.166	0.354	0.034
X_1	0.023	**0.883**	0.048	-0.097	-0.229	0.037
X_2	0.013	**0.850**	-0.202	0.040	0.220	-0.092
X_8	-0.147	**-0.758**	-0.102	-0.213	-0.462	0.195
X_6	-0.564	**0.587**	0.278	0.100	-0.278	0.147
X_{10}	0.046	-0.015	**0.915**	0.241	0.167	0.162
X_{11}	0.048	-0.035	**0.686**	-0.524	-0.228	-0.104
X_9	-0.598	0.013	**0.677**	0.115	0.217	0.226
X_{15}	0.025	0.174	0.429	**0.813**	-0.044	0.140
X_{12}	0.168	-0.015	-0.075	**0.788**	0.126	0.004
X_{13}	-0.012	0.050	0.085	0.131	**0.888**	0.086
X_4	-0.135	-0.111	0.143	0.172	**0.865**	0.112
X_3	0.206	0.045	0.050	-0.586	-0.073	**0.660**

注：提取方法为主成分分析法；旋转法为具有 Kaiser 标准化的正交旋转法；旋转在 16 次迭代后收敛。

①工作环境 F_1

根据表 4-13 中数据可知，在这 6 个因子中，在因子 F_1 上载荷值比较高的变量分别为 X_7（工作环境）、X_5（企业区位）、X_{16}（人际关系）和 X_{14}（交通距离），其中 X_7 载荷值最高；X_5 和 X_{14} 为宏观环境，X_{16} 为社会环境，且为正向影响，因此可以认为因子 F_1 表示影响咸宁高新区民营企业员工工作满意度的工作环境因素，对应的方差贡献率超过了 20%，表明工作环境为最重要的影响因素。

根据分析结果可知，咸宁高新区民营企业员工工作满意度影响因素最重要的是工作环境，包括工作场所的舒适性、工作设备和配套设施等微观环境，也包括企业所在区位的宏观环境和社会环境等，这也许与这些企业本身在这几个方面有所欠缺有关系。因此，为了提高员工的工作满意度，需要相关企业在工作环境方面进行相应的提升。

②工资福利 F_2

在因子 F_2 上有较高载荷值的变量分别为 X_1（工资水平）、X_2（福利待遇）、X_8（工作压力）和 X_6（发展前景），其中变量 X_1 和 X_2 的载荷值最高，且为正向影响，因此可以认为因子 F_2 表示影响咸宁高新区民营企业员工工作满意度的工资福利因素，对应的方差贡献率占第二位，表明工资福利为第二重要的影响因素。

工资福利因子 F_2 也是影响员工工作满意度非常重要的因素，尽管此因子重要性程度比 F_1 稍低，但差异很小。在该因子中，变量 X_8（工作压力）对员工工作满意度的影响为负值，说明工作压力越大，员工工作满意度越低，也说明被调查者感觉工作压力较大，需要通过减轻工作压力以提高工作满意度。

③职业规划 F_3

在因子 F_3 上有较高载荷值的变量分别为 X_{10}（职业规划）、X_{11}（职业培训）和 X_9（上升渠道），其中变量 X_{10} 的载荷值最高，达到了 0.915，同时 X_{11} 和 X_9 也与员工的职业发展相关，因此可以认为因子 F_3 表示影响咸宁高新区民营企业员工工作满意度的职业规划因素，对应的方差贡献率占第三位，表明职业规划也是重要的影响因素。

职业规划因子 F_3 对员工工作满意度的影响主要体现在职业规划、职业培训和上升渠道三个方面，说明如果企业能够通过制定科学合理的培训制度，积极帮助员工明确的职业规划，并且保持员工职位上升渠道的公正合理，就能够使员工达成较高的工作满意度。

④绩效考核 F_4

在因子 F_4 上有较高载荷值的变量分别为 X_{15}（考核办法）和 X_{12}（加班情况），其中变量 X_{15} 的载荷值最高，达到了 0.813，同时 X_{15} 和 X_{12} 都与员工的考核相关，因此可以认为因子 F_4 表示影响咸宁高新区民营企业员工工作满意度的绩效考核因素，对应的方差贡献率占第四位，表明绩效考核

（2）：34 - 37.

[7] PETER CAPPELLI. Talent Management for the Twenty - first Century [J]. Harvard Business Review, 2008 (3)：1 - 8.

[8] OLSEN R. Harnessing the Internet with Human Capital Management [J]. Workspan, 2000, 43 (11)：24 - 27.

[9] KESLER G C. Why the Leadership Bench Never Gets Deeper：Ten Insights about Executive Talent Development [J]. Human Resource Planning, 2002, 25：32 - 44.

[10] AXELROD B, HANDFIELD J H, MICHAELS E. A New Game Plan for C Players [J]. Harvard Business Review, 2002, 1：81 - 88.

[11] DAVID G C, KAMEL M. Strategic Talent Management：A Review and Research Agenda [J]. Human Resource Management Review, 2009, 19：304 - 313.

[12] 徐娟. 国有企业人才管理体制改革的探索 [J]. 中国管理信息化, 2017 (20)：39 - 41.

[13] 刘保红. 国有企业人才管理的策略 [J]. 人力资源管理, 2014 (5)：55 - 56

[14] 王亚洲, 林健. 人力资源管理实践、知识管理导向与企业绩效 [J]. 科研管理, 2014 (2)：88 - 89.

[15] 周娟. 邹城市新型人才资源管理模式建设探究 [D]. 济南：山东师范大学, 2009.

[16] MCCLELLAND D C. Identifying Competencies with Behavioral Event Interviews [J]. Psychological Science, 1998, 9 (5)：331 - 339.

[17] 赵伟, 林芬芬, 彭洁, 等. 创新型科技人才评价理论模型的构建 [J]. 科技管理研究, 2012, 32 (24)：131 - 135.

[18] 郭海玲, 张雄涛, 史海燕. 基于冰山模型的县域电子商务人才评价研究 [J]. 数学的实践与认识, 2019, 49 (17)：273 - 280.

[19] 李瑞, 吴孟珊, 吴殿廷. 工程技术类高层次创新型科技人才评价指标体系研究 [J]. 科技管理研究, 2017, 37 (18)：57 - 62.

[20] 王馨, 陈妮, 赵雅雯. 基于熵权 TOPSIS 法的企业创新型技术人才价值评价 [J]. 东北大学学报：自然科学版, 2020, 41 (12)：1788 - 1793.

[21] KALLEBERG A L. Work Values and Job Rewards：A Theory of Job Satisfaction [J]. American Sociological Review, 1977, 42 (1)：124 - 143.

[22] PORTER L W, LAWLER EE. Managerial Attitudes and Performance [D]. Home-

wood：Richard D. Irwin, Inc. 1968：150 – 173.

［23］COMM C L, MATHAISEL D F. Assessing Employee Satisfaction in Service Firms：An Example of Higher Education ［J］. The Journal of Business and Economic Studies, 2000, 6 (1)：43 – 53.

［24］蔡平，蔡刚，韩琳琳. 如何提高国有企业高技能人才的供给质量：基于工作满意度的分析 ［J］. 宏观质量研究，2020, 8 (1)：36 – 47.

［25］梁海涛. 深圳市龙华区人才工作满意度研究 ［D］. 长沙：湖南大学，2017.

［26］李奕赢. 高校海归青年教师首聘期工作满意度研究 ［D］. 上海：上海交通大学，2019.

［27］斯蒂芬·罗宾斯. 组织行为学 ［M］. 7 版. 孙建敏，李源，译. 北京：中国人民大学出版社，1997.

［28］WEISS D J. Manual for the Minnesota Satisfaction Questionnaire ［R］. Minneapolis：University Minnesota Industrial Relation Center, 1967：204 – 210.

［29］SMITH P C, KENDALL L, HULIN C L. The Measurement of Satisfaction in Work and Retirement ［M］. Chicago：Rand McNally, 1969.

［30］PAUL E. Spector, Job Satisfaction：Application, Assessment, Cause, and Consequences ［M］. Sage Publications, 1997.

5 咸宁高新区民营企业产业创新与人才管理机制耦合研究

5.1 产业创新与人才聚集耦合度分析基本模型

5.1.1 耦合的内涵及其相关理论应用

5.1.1.1 耦合

系统动力学理论认为，宇宙中的所有事物之间不是孤立存在的，而是以系统或者系统部分的方式存在。而在自组织理论看来，系统与系统之间往往存在着非线性的相互作用关系。由此可见，系统与系统之间的相互作用、相互联系是事物存在的普遍范式。

"两人并耕为耦。"所谓耦合，狭义上是指物理学上两个或两个以上物理个体或系统之间相互影响、相互作用而形成彼此联合起来的现象。广义上的耦合关系是指事物在各子系统间的良性互动下，相互依赖、相互协调、相互促进的动态关联关系。

由于构成系统的要素和表现形式不同，各种系统之间的耦合关系依据不同角度、不同层次呈现出不同的表现形式，总体上来说可以分成要素耦合与结构耦合两种。所谓要素耦合是指构成系统的各个要素组成部分，相互作用、相互联系而形成一种定向联系；而如果系统结构耦合中涉及空间特征，则表征为空间耦合，即系统或者系统构成要素在同一区域内或各区域间表现出较为一致的发展趋势或变化方向，或者在空间维度中表现出一定的相互作用效果。

5.1.1.2 耦合度

耦合度是对耦合关系的一种定量测量，即两个或两个以上系统存在相互影响、相互作用的关系的时候，这种关系的强弱常用耦合度或者耦合协调度来反映。

耦合度经常被用于系统之间的关系测量，如软件工程中模块之间的兼容性等。在物理学上，一般来说耦合度的强弱取决于系统之间联系的复杂性、信息交换的方式以及信息交换的多少。耦合度反映的是系统或者要素之间的依赖关系，即控制关系、调用关系和信息传递关系强度。系统之间或者系统要素之间联系越多，其耦合性越强，同时表明其独立性越差。

因此，以耦合度为度量标准，可以对系统之间的关联性、协调性和多样性进行定量评价。

5.1.1.3 耦合理论的社会学应用

耦合理论和耦合度计算除了在物理学、电子信息、软件工程等学科上大量应用以外，还根据理论原理被大量应用于其他各学科领域的研究，如计算机学、生态学、社会科学等。

在社会学领域，由于在特定的社会背景条件下，两种社会现象、社会事物、社会个体之间也存在相互作用、相互影响的耦合关系，因此耦合度也是度量二者之间关系的一种方法。表5-1梳理了近几十年来社会学应用耦合理论的主要代表。

表5-1 耦合理论在社会学中的主要应用举例

序号	研究者	应用领域	应用实证
1	Wieck. K. E（1976）	社会经济学	应用耦合理论解释学校机构成员、个体成员之间的组织关系以及耦合关系
2	吴大进等（1990）	协同学	将耦合理论作为解释系统中各子系统间协同作用的基本原理
3	李润平等（2008）	组织行为学	利用耦合理论建立索洛模型，并运用该模型解释经济发展中人才要素的作用

续表

序号	研究者	应用领域	应用实证
4	霍影等 （2014）	区域经济学	利用熵值法描述系统或变量间的协调程度，并用这种协调程度验证人才投入与产业规模的耦合关系
5	闫超 （2016）	金融学	研究金融投入要素与高技术产业之间的耦合关系，以此作为高科技产业供给侧改革的依据和方向
6	周刚、徐燕 （2017）	文化产业	以我国中原地区为实证对象，研究了农村文化与旅游产业之间的耦合关系，并为乡村旅游发展提供依据
7	宋大成 （2009）	社会伦理学	研究家庭文化和社会文化在儿童社会化表现中的耦合特征，为儿童教育提供依据
8	邹力宏 （2001）	音乐学	研究了民族音乐与旅游之间的耦合关系，为提升民族音乐审美效应提供方向
9	辜转 （2018）	产业经济学	以重庆市为实证对象，研究了都市农业与乡村旅游之间的耦合关系，为旅游产业融合提供决策支持

5.1.2　产业创新与人才聚集耦合机制与模式

在产业经济学看来，产业与产业之间、产业内部各投入要素之间、产业外部的产业与市场之间，往往存在结构、绩效、行为上的动态关联，因此从可以运用耦合理论来揭示产业成长规律。而人才投入，是产业要素投入的一种，因此从理论上来说，产业发展与人才投入也存在耦合关系，李凯（2005）、翁睿（2010）、李勇（2010）、杨丹萍（2005）从不同的实证对象、不同的产业、不同人才构成等方面，对产业与人才的耦合规律进行了研究。

5.1.2.1　产业创新与人才聚集耦合模式

产业创新与人才聚集作为区域经济和社会发展系统中两个重要的构成要素，其耦合模式按照特征和发展阶段的不同，可以分为以下几种。

（1）离散模式

离散模式也称独立模式，是指产业创新发展与人才聚集在经济发展过程中完全是两个相对独立的子系统，二者之间不存在相互作用、相互影响，在系统学上呈现离散状态（见图 5 - 1）。离散模式的耦合度基本为零，一般发生在耦合阶段的早期。

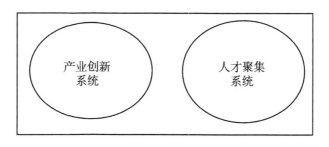

图 5 - 1 离散模式

（2）交叉模式

交叉模式也称重叠模式，是指产业创新和人才聚集两个系统在经济发展过程中存在交叉重叠的公共部分（见图 5 - 2），这些公共部分是两个系统耦合发展的驱动核心。公共部分越多，二者联系越强，耦合程度越高。交叉模式是产业和人才融合的中间阶段，也是二者耦合发展最重要的阶段。

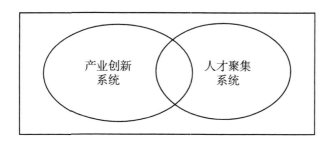

图 5 - 2 交叉模式

（3）包含模式

包含模式也称局部与整体模式，是指在经济发展过程中，一个系统完全包含另外一个系统，或被包含在另外一个系统中，成为另外一个系统的组成部分（见图5-3）。一般来说，产业创新系统包含在人才聚集系统中的情况往往出现在以教育、科研为主的机构或者区域，而人才聚集系统包含在产业创新系统中的融合模式往往出现于企业内生式、独立发展过程，显然这两种类型都不是二者耦合的最理想模式。

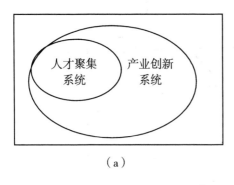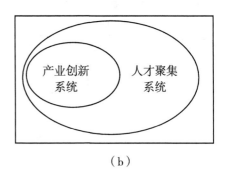

（a） （b）

图5-3 包含模式

（4）复杂互动模式

复杂互动模式是产业创新与人才聚集耦合达到理想状态的模式。一般来说，产业创新发展能产生吸引人才的强大拉力，同时产业创新发展能促进区域产业的壮大，也需要大量人才的支撑。

国内外许多学者构建了产业创新与人才聚集之间的互动模型，具体来说，其耦合过程一般是：一方面，产业创新发展能促进区域经济的发展，区域经济发展能改善生活条件、完善基础设施、提供较高薪酬等，即形成良好的人才"引、用、育、留"机制，形成强大的人才拉力，促使人才流入，从而形成人才聚集效应；另一方面，人才是第一生产力，人才聚集能为产业发展提供智力支撑，形成产业创新的核心动力，从而通过产业创新提升区域经济的发展规模（见图5-4）。

5.1.2.2 产业创新与人才聚集耦合机制

（1）静态耦合机制

静态耦合就是将产业创新与人才聚集看成两个相对静止的系统，从而来研究二者之间的相互关系（见图5-5）。

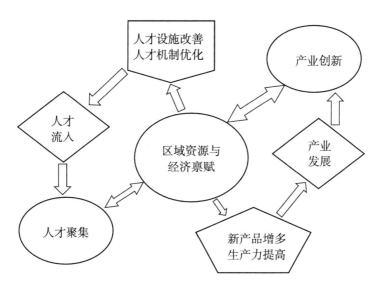

图 5 – 4　复杂互动模式

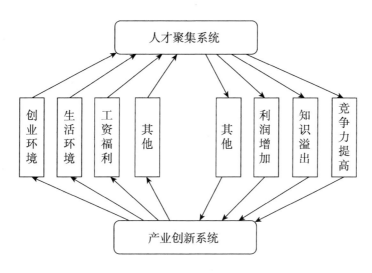

图 5 – 5　产业创新与人才聚集的静态耦合机制

　　站在产业创新系统角度，产业创新能力的增强使得产业竞争优势增加，从而能为区域人才聚集提供较高的工资水平和福利待遇。同时，产业创新发展和壮大往往可以改善区域的整体经济发展水平，从而改善人才的生活环境。最后，产业创新能力与产业规模的增加，可为人才提供良好的创业环境，产业配套要素的集聚也能降低人才的投资风险，从而增加人才创业成功的概率。这些都为人才聚集提供了必要的物质保障，从而吸引更多人才流入。

站在人才聚集系统角度，人才大量流入，一方面使得产业内部的人才产生竞争与合作，从而提升产业的核心竞争力，促进产业的持续发展；另一方面，人才聚集产生的规模效应，可以在降低企业寻找人才的时间成本和雇佣成本的同时，为企业产生超额创新成果，减少企业的生产运营成本，增加企业利润。

（2）动态耦合机制

根据产品生命周期理论，一个产业的创新过程一般包含新产品刚开始出现的产业萌芽期、产业快速发展的成长期和产品规模化以后的产业成熟期三个阶段。而人才理论认为，人才聚集和使用过程，也是要经历"引""留""用""育"四个阶段，即吸引人才、留住人才、利用人才、提升人才的四个过程。因此，传统的产业创新与人才聚集机制很难解释二者耦合的全过程。

在动态耦合机制看来，在不同的发展过程中产业创新和人才聚集相互作用、相互影响，最后达到一个动态耦合的机制（见图5-6）。

在产业萌芽期，人才聚集越充分，产业创新能力越强，越能吸引更多的人才流入并留住高级人才。此时，二者之间的耦合机制更多地表现为马太效应。

在产业成长期，由于产业需要大规模的扩展，产业内企业数量和种类迅速增多，此时产业发展不仅需要大规模的新产品开发人才，也需要大规模的企业管理、市场开拓、金融支持等方面的人才，而这些人才的流入也促进了产品和市场的迅速定型，产业慢慢进入成熟期。因此二者之间的耦合机制是一种互动效应。

在产业成熟期，产业与人才都面临着外部压力，迫切需要产业创新和人才聚集在结构上重新优化，为下一轮的生命周期做准备。此时，二者之间的耦合机制表现为提升效应。

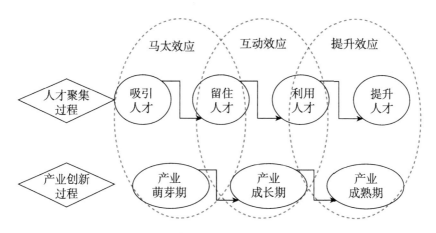

图 5-6 产业创新与人才聚集的动态耦合机制

5.1.3 产业创新与人才聚集耦合协调度评价基本方法

5.1.3.1 耦合度计算基本原理

近年来，产业融合、要素融合的定量分析方法很多。目前测量产业投入要素与产出结果之间因果关系的方法主要有以下几种。

（1）赫芬达尔指数法：这是一种用来测量技术融合的方法，它最早用来测量产业之间的集中程度，经过长时间许多学者的应用和模型演化，慢慢将模型应用到产业各要素的融合程度测量中。

（2）专利相关系数法：专利是反映产业创新的一种最直接的表征，这种方法的基本原理是通过收集所要评价的行业的专利技术的数量、区域总的专利技术数量两个指标，然后计算该行业专利技术所占的比重，最后通过构建矩阵来计算产业融合度。这种方法也是一种基于技术创新的研究方法。

（3）投入产出法：投入产出法是把人才要素作为产业创新的一个投入要素，通过融合度公式比较各部门的投入与产出之间的比值，可以得到产业之间的主动融合度。一般来说比值越大，产业融合度越高，反之则越低。

本节以耦合理论为基础，通过计算得出产业创新与人才聚集的耦合度，进而可以计算出两者之间的耦合协调度。

5.1.3.2 咸宁高新区产业创新与人才聚集耦合协调度计算模型

耦合度来源于物理学上的容量耦合及其系数模型。一般地，如果系统存在 n 个子系统时，K_1，K_2，$\cdots$，K_n 是各个子系统的容量表征，系统容量耦合度 Q 的计算公式为：

$$Q = n \left\{ \prod_{i=1}^{n} K_i \Big/ \left(\sum_{i=1}^{n} K_i \right)^n \right\}^{1/n} \qquad \text{式}(5-1)$$

而在产业发展过程中，如果存在多个子系统，每个子系统的发展指数用 u_1，u_2，$\cdots$，u_n 表示时，系统耦合度 C 的计算方法为：

$$C_n = n \left\{ (u_1 \cdot u_2 \cdots u_n) \Big/ \left[\prod (u_1 + u_2 + \cdots + u_n) \right] \right\}^{1/n}$$

$$\text{式}(5-2)$$

由于本节只研究产业创新与人才聚集两个子系统的融合关系，所以式（5-2）可以简化为：

$$C = 2 \left\{ (u_1 \times u_2) / [(u_1 + u_2)(u_1 + u_2)] \right\}^{1/2} \qquad \text{式}(5-3)$$

其中，C 为耦合度，且 $C \in [0, 1]$；u_1 和 u_2 分别表示产业创新指数和人才聚集指数。当 $C = 0$ 时，表示两个系统的耦合度最低，即两个子系统在运行过程中基本处于无关状态；当 $C = 1$ 时，表示两个系统的耦合度最高，即系统各要素间处于良性循环的关系中。

耦合度的计算可以揭示系统各要素的运行状态，但基本无法评价两个子系统的发展程度，也就是说狭义的耦合度计算指标只是一个静态过程，经常会出现在两个系统发展水平都比较低的时候，C 值趋近于 1 的情况。因此，很多社会学者在耦合度计算的基础上提出耦合协调度计算方法，其计算公式如下：

$$D = \sqrt{C \times T} \qquad \text{式}(5-4)$$

其中，C 为耦合度，D 为耦合协调度，T 为产业创新与人才聚集两个子系统的综合评价指数，其计算方法如下：

$$T = \partial u_1 + \beta u_2 \qquad \text{式}(5-5)$$

其中，u_1，u_2 与式（5-3）相同；∂，β 为待定系数，用来表示两个系

统的重要程度，且 $0 \leqslant \partial \leqslant 1$，$0 \leqslant \beta \leqslant 1$，在二元系统中一般分别取值 0.4 和 0.6。

根据式（5-4）中 D 值大小，可以将产业创新与人才聚集的耦合协调程度划分为 10 个级别（见表 5-2）。

表 5-2 耦合协调等级划分表

序号	D 值区间	耦合协调级别
1	0 ~ 0.1	极度失调
2	0.1001 ~ 0.2	严重失调
3	0.2001 ~ 0.3	中度失调
4	0.3001 ~ 0.4	轻度失调
5	0.4001 ~ 0.5	濒临失调
6	0.5001 ~ 0.6	勉强协调
7	0.6001 ~ 0.7	初级协调
8	0.7001 ~ 0.8	中级协调
9	0.8001 ~ 0.9	良好协调
10	0.9001 ~ 1	优质协调

需要说明的是，在计算耦合度指数之前需要分别计算产业创新指数和人才聚集指数，而本节第三章已经计算出咸宁高新区产业创新发展绩效指数（见表 3-25），因此本章只需要测量咸宁高新区人才管理机制的绩效指数。

5.2 咸宁高新区人才管理机制绩效评价指标体系构建

5.2.1 人才绩效评价的基本方法

综合相关文献，目前有关人才绩效的评价普遍采用以下几种方法来建立指标体系，并对指标赋值。

5.2.1.1　Delphi 法

Delphi 法也称不见面专家评价法，是 20 世纪 40 年代美国兰德公司发明的一种专家集体评价法。该方法的基本过程是组织者就拟定的评价对象设计调查评价表，通过函件等不见面方式分别向选定的专家组成员征询评价结果。Delphi 法最大的创新是专家组成员之间仅仅通过组织者提供的书面材料进行匿名的意见交流，通过几轮征询和反馈，专家们的评价结果形成统一意见，从而获得具有统计意义的专家集体评价结果。Delphi 法克服了专家评价法中首位专家垄断性的缺陷。

5.2.1.2　模糊综合评价法

模糊综合评价法的主要过程是：首先确定被评价对象的因素（指标）集合评价集，即建立人才绩效评价的指标矩阵表；其次分别确定矩阵中每个因素的隶属度向量，即确定人才绩效评价的指标权重，从而获得这个模糊评价矩阵；最后按照模糊运算法则对模糊评价矩阵与因素的权重集进行归一化处理，从而得到模糊评价综合结果。人才绩效的模糊综合评判法以"模糊集合论"为基础，是运用模糊数学方法研究和处理类似人才绩效评价这样的社会科学的一门数学新分支方法。

5.2.1.3　熵值法

熵值本身是统计物理和热力学中的一个物理概念，人才评价绩效的熵值是人才系统中各指标所含信息有序度的差异性，也就是根据系统信息的效用价值来确定指标的权重。熵值原意是指信息系统中的信息熵，它是信息无序度的度量。一般而言，系统中熵值越小，系统的有序度越大，系统的信息效用值越大；反之，系统中的熵值越大，系统的无序度越大，系统信息的效用值越小。

5.2.1.4　TOPSIS 法

采用 TOPSIS（Technique for Order Preference by Similarity to an Ideal Solution），即通过计算评价对象的人才绩效综合价值，再将综合值与理想值进行比较，按照它们的接近程度来定量评价决策。TOPSIS 法可以确定评价对象之间的综合优劣程度，同时可以根据被评价对象的优劣排名进行决策。TOPSIS 模型可以用来评价人才的要素价值和综合价值，即在计算出权重的基础上，再采用 TOPSIS 法对所有人才系统的评价对象进行定量判断，评价出人才绩效系统的价值大小，进而根据排名进行决策。

除去上述方法以外，主成分分析法、变异系数法、灰色关联分析法、因子分析法等方法在各类型人才评价指标体系中也有所采用。

5.2.2 咸宁高新区民营企业人才管理机制绩效评价指标体系

通过前面的人才绩效评价方法可以知道，建立评价指标体系是人才管理机制绩效评价的第一步，本节在综合成熟指标体系的基础上，结合咸宁高新区实际，建立了一套完全不同的评价指标体系。

5.2.2.1 人才管理机制绩效评价指标体系的功能

人才管理机制绩效评价指标体系的功能包括描述功能、监测功能、对比功能和引导功能。

描述功能。人才管理机制绩效评价指标体系的构建过程，就是对人才引进、培育、使用和激励等多方面行为过程的概括，是对咸宁高新区人才状况的宏观概括和各种人才聚集要素的全面微观描述。因此，人才管理机制绩效评价指标体系的首要功能就是能够真实、全面地反映咸宁高新区民营企业的人才发展概况，确定指标体系之前首先必须保证对高新区民营企业人才状况有充分了解，为高新区民营企业人才发展的研究奠定基础。

监测功能。人才管理机制绩效评价指标必须能够保证从时间发展态势上的纵向对比要求，通过绩效的时间动态对比，能科学、及时、准确地反映咸宁高新区民营企业人才发展的"晴雨表"，从而在保证预警、监测人才发展状况的目标下，把握人才工作的基本要求，为人才今后的发展指引方向。

对比功能。一方面人才政策往往具有历史局限性，即在区域不同发展阶段，经济和社会工作的重心有差别，这使得在不同时间段，人才政策绩效得分有差别，因此通过时间对比可以得出区域人才工作的成效和不足；另一方面，人才政策在不同区域之间也有变化，通过统一的指标体系评价，能够对比被评价的区域人才管理机制绩效与其他区域的差别，为以后工作提供参考价值。

引导功能。人才管理机制绩效评价的根本目的是科学分析区域人才工作现状，发现人才工作存在的问题，为合理制定人才工作策略做前期研究工作。因此，建立人才管理机制绩效评价指标体系时，不只是仅仅选择区域优势项目，而是从客观全面角度出发，选择指标体系，从而为区域人才政策的制定起到引导角色。

5.2.2.2 人才管理机制绩效评价常用指标分析

人才管理机制绩效评价仅仅是区域人才工作的结果评价，与人才管理机制绩效评价相似的还有人才竞争力评价、人才创新潜力评价等，综合国内外的研究文献，这些评价工作在选取评价指标时往往具有相似性，表5-3是作者总结的近20年来国内外主要的人才评价指标体系。

表5-3 近20年人才评价指标体系举例

序号	评价者及时间	一级指标体系	二级指标体系
1	Lubart（2004）	人才效益、人才结构、人才总量、生活环境	区域人均受教育年限、人均专利数、人均可支配收入等20项
2	Ceyhun Araz（2007）	人才质量、人才结构	每百人博士学位人数、R&D经费、发明创新数等12项
3	Colling D（2008）	产业结构、人才政策、经济环境、社会文化	新产品收入、产业总规模、新产品研发费用等21项
4	Douglas Webster（2008）	劳动参与率、技术与教育、教育实施和课程、产业结构与劳动力的匹配度、工资收入与用工制度	人均工资、人均带薪休假时间、人均专利数和发明数、人均受教育年限、人均继续教育时间等23项
5	桂昭明（2002）	人才内在竞争力、人才外在竞争力	人才数量、人才质量、创新能力、使用效益、人才状态、人才环境等25项

续表

序号	评价者及时间	一级指标体系	二级指标体系
6	伞峰 （2006）	人才队伍、人才环境、人才产出、人才投入	人才总量、科学家数量、工程师数等26项
7	王建强 （2009）	人才规模、人才素质、人才投入、人才产出、人才环境	人才规模、人才资源总量等33项
8	易娜 （2015）	人才资源、人才效能、人才环境	大专及以上人口、中高级职称、院士工作站等14项
9	程名君 （2018）	人才产出、人才存量、人才素质	普通本科毕业生数、普通高校研究生毕业生数、人均地区生产总值等19项
10	高佳焕 （2020）	人才规模、人才培养和投入、人才产出	普通高等院校数量、普通高等院校在校学生数、各类中等职业学校招生等6项

5.2.2.3 咸宁高新区民营企业人才管理机制绩效评价指标体系构建

从表5-3可以看出，虽然不同学者所评价区域不同、人才种类不同，但在选择指标体系的时候，一般均考虑了以下几个方面的因素。

人才数量与质量。数量和质量是人才资源的基本构成特征，人才数量与质量往往用本科毕业生人数、研究生（硕士、博士）毕业生人数、R&D人员数、专家数、院士数等来进行度量。

人才环境。人才环境既是人才聚集的因素，也是人才聚集的直接表征。人才环境又可以分成经济环境、科技环境、教育环境。科技环境可以用R&D投入、高技术产业企业数等反映；教育环境可以用各类中等职业学校招生、高等学校数量等来衡量；经济环境的衡量所用的指标更多，地区经济增速、城镇居民人均可支配收入等都是常选项。

人才产出。人才产出表征着一个区域的人才能力大小，是区域人才队伍绩效好坏的直接表现。人均专利申请授权数、万人输出技术市场成交额、人均地区生产总值等都是人才产出经常用到的指标。

由于人才管理机制绩效和产业创新绩效存在耦合发展部分，因此上述三类指标中，有一部分指标既可以反映产业创新也可以反映人才管理机制绩效，因此如果剔除本书第三章中有关产业创新方面的指标以后，可以构建咸宁高新区民营企业人才管理机制绩效评价指标体系（表5-4）。

表5-4　咸宁高新区民营企业人才管理机制绩效评价指标体系表

目标层	一级指标	二级指标
咸宁高新区民营企业人才管理机制绩效	人才数量 (A_1)	年底从业人员总数 (X_1)
		大专以上人员总数 (X_2)
		留学归国人员总数 (X_3)
	人才质量 (A_2)	硕士学历以上人员数 (X_4)
		中高级职称人数 (X_5)
		有省级以上专家称号人数 (X_6)
	人才环境 (A_3)	全体居民人均可支配收入 (X_7)
		城市空气质量优良天数比例 (X_8)
		各类中等职业学校招生 (X_9)

5.2.2.4　主要指标释义

表5-4中各指标的具体含义和选择的意义说明见表5-5。

表5-5　咸宁高新区民营企业人才管理机制绩效评价指标释义

序号	指标代码	指标单位	指标意义
1	X_1	万人	表明高新区人才的就业程度，是吸引、提升人才竞争力的重要指标
2	X_2	人	人才鉴别标准之一，是具备一定的专业知识、较高的技术和能力的人
3	X_3	人	此指标反映高新区的对外开放，是吸引人才的重要标志
4	X_4	人	是反映高新区吸引人才、培育人才的指标
5	X_5	人	此指标越高，代表该城市专业技术人员素质水平越高

序号	指标代码	指标单位	指标意义
6	X_6	人	入选"长江学者""百千万人才工程"等称号人数
7	X_7	万元	是吸引人才的主要指标,当居民可支配收入越高,越有利于吸引人才
8	X_8	%	反映区域生态环境和居住环境的重要指标
9	X_9	人	反映区域对人才教育和人才培训的重视程度

5.2.3 评价指标权重确定

为了克服 AHP 模型在确定权重时因评审专家的主观性而造成指标权重的偏差,本研究建立了一种基于 AHP - 熵值法的综合权重确定方法,即除去 AHP 赋值以外,利用熵值法再次进行客观赋权,将得到的权重进行综合加权求取各指标权重。

5.2.3.1 AHP 权重模型

按照 AHP 赋权程序,本研究选取了 7 位专家对拟定的评价指标进行排序,其中 3 位是咸宁高新区企业的 HR,另外 4 位是高校人力资源专业的专家。每位专家根据经验和认知,采取不记名方式对指标体系中 3 个一级指标、9 个二级指标的重要程度进行排序,然后采用 1—9 比例标度赋值,求取各要素的 AHP 模型权重。

其中一级指标排序为:$A_2 > A_1 > A_3$。二级指标排序为:$X_2 > X_1 > X_3$;$X_6 > X_5 > X_4$;$X_7 > X_8 > X_9$。按照 1—9 比例标度法求取各指标权重见表 5 - 6。

表 5 - 6 基于 AHP 指标权重及检验系数

指标	特征值	权重	最大特征根	一致性指标（CI）
A_1	3.27	0.361		
A_2	4.00	0.446	9.083 3	0.082 3
A_3	1.82	0.203		

续表

指标	特征值	权重	最大特征根	一致性指标（CI）
X_1	3.333	0.304		
X_2	6.000	0.544	11.033 3	0.074 52
X_3	1.700	0.152		
X_4	1.533 3	0.104		
X_5	4.333 3	0.285	14.866 7	0.061 43
X_6	9.000 0	0.611		
X_7	8.000 0	0.613		
X_8	3.333 3	0.254	13.083 33	0.034 87
X_9	1.750 0	0.133		

表 5 - 6 中二级指标计算的权重是针对一级指标的，将一级指标权重加权以后，可以得到各二级指标相对于目标层的权重，见表 5 - 7。

表 5 - 7　AHP 方法计算的各二级指标相对目标层的权重

指标	X_1	X_2	X_3	X_4	X_5	X_6	X_7	X_8	X_9
AHP 权重	0.108	0.194	0.054	0.047	0.128	0.268	0.122	0.05	0.029

5.2.3.2　熵值法权重模型

与 AHP 模型求取权重的过程不同的是，熵值法计算每个指标的权重不需要经过人工打分，只需要根据各指标在不同年份的统计数据，按照一定的数学统计方法，就可以计算其权重。显然，熵值法可以克服 AHP 模型的人工主观随意性的缺点，其主要过程如下。

在统计咸宁高新区 9 个二级指标近 10 年的背景下，设 x_{ij} 为第 i 个指标第 j 年的统计数据，计算每个指标的熵值权重可分为以下三个步骤。

第一步，将 x_{ij} 值进行标准化处理，消除数据统计量纲，其中正向指标 X_{ij} 处理公式为：

$$X_{ij} = \frac{x_{ij} - \min(x_{1j},\cdots,x_{nj})}{\max(x_{1j},\cdots,x_{nj}) - \min(x_{1j},\cdots,x_{nj})} \qquad 式（5 - 6）$$

负向指标 X_{ij} 的计算公式为：

$$X_{ij} = \frac{\min(x_{1j}, \cdots, x_{nj}) - x_{ij}}{\max(x_{1j}, \cdots, x_{nj}) - \min(x_{1j}, \cdots, x_{nj})} \qquad \text{式}(5-7)$$

需要说明的是，本研究选取的都是正向指标。

第二步，计算各个指标的信息熵值 E_i，其计算公式为：

$$E_i = -\ln(n)^{-1} \sum p_{ij} \ln(p_{ij}) \qquad \text{式}(5-8)$$

式（5-8）中，E_i 为第 i 个指标的信息熵值，p_{ij} 为第 i 个指标第 j 年的数值所占比重，其计算公式为：

$$p_{ij} = \frac{X_{ij}}{\sum\limits_{j=1}^{n} X_{ij}} \qquad \text{式}(5-9)$$

第三步，确定每个指标权重（w_i），其计算公式为：

$$w_i = \frac{1 - E_i}{n - \sum\limits_{j=1}^{n} E_j} \qquad \text{式}(5-10)$$

通过以上三个步骤计算出各指标的权重（如表 5-8 所示），表 5-8 中每个指标后面括号中的数据为其熵值法计算的权重，其中一级指标权重是汇总其对应二级指标权重得来的。

表 5-8 熵值法得出的一二级各指标的权重

目标	一级指标	二级指标
O（1）	A_1（0.324）	X_1（0.092）
		X_2（0.165）
		X_3（0.067）
	A_2（0.393）	X_4（0.072）
		X_5（0.114）
		X_6（0.207）
	A_3（0.283）	X_7（0.119）
		X_8（0.102）
		X_9（0.062）

5.2.3.3 AHP - 熵值法综合权重

很显然，基于 AHP 计算的权重属于专家主观意愿角度的权重，而基于熵值法得到的权重属于由统计数据内部衍生出来的客观数据权重，二者各有缺点和优点。为了达到主观与客观相互修正的效果，本研究建立了一种基于 AHP – 熵值法的综合权重确定方法，即将两种权重按照式（5 – 11）进行综合计算。

$$W_i = \partial r_i + \beta t_i \qquad 式（5 – 11）$$

式（5 – 11）中，r_i 和 t_i 分别为 AHP 模型和熵值法得出的各指标权重，W_i 为综合权重，∂，β 为二者修正系数，本节选择 $\partial = \beta = 0.5$。表 5 – 9 是用 AHP – 熵值法得出的各指标综合权重。

表 5 – 9　AHP – 熵值法综合权重计算

权重	指标								
	X_1	X_2	X_3	X_4	X_5	X_6	X_7	X_8	X_9
AHP 权重	0.108	0.194	0.054	0.044	0.128	0.268	0.122	0.050	0.026
熵值法权重	0.092	0.165	0.067	0.072	0.114	0.207	0.119	0.102	0.062
综合权重	0.100	0.180	0.061	0.06	0.121	0.238	0.121	0.076	0.046

5.2.4　咸宁高新区民营企业人才管理绩效评价

5.2.4.1　数据收集与整理

咸宁高新区民营企业人才绩效评以 2010—2019 年的数据为研究样本。其中，X_9 来自咸宁市统计公报中的教育投入和人口，X_8 来自咸宁市气象环保部门数据每年的公告，X_7 来自咸宁市每年的统计公报，其他指标来自《咸宁统计年鉴》《咸宁高新区统计年鉴》《中国城市统计年鉴》和《中国火炬统计年鉴》，经整理后主要数据如表 5 – 10 所示。

表 5 – 10　高新区人才绩效评价主要指标数据表

指标	年份									
	2010	2011	2012	2013	2014	2015	2016	2017	2018	2019
X_1	49 975	50 364	52 145	54 245	57 423	61 094	63 268	66 257	67 032	73 021
X_2	21 479	24 235	25 132	26 890	27 458	28 945	30 156	33 223	46 728	43 050

指标	年份									
	2010	2011	2012	2013	2014	2015	2016	2017	2018	2019
X_3	79	87	92	99	109	116	132	144	826	859
X_4	623	713	754	812	893	1 003	1 105	1 726	1 935	2 156
X_5	352	413	484	535	641	724	863	1 127	1 534	1 947
X_6	11	15	16	17	18	20	23	32	39	47
X_7	10 561	11 854	13 854	14 235	15 681	17 166	18 699	20 310	21 995	24 093
X_8	98%	95%	78.30%	79.52%	70.40%	67.70%	75.60%	79.50%	82.60%	82.03%
X_9	4 456	4 623	5 108	5 413	4 721	5 120	5 322	7 339	7 304	7 900

前文中为了计算熵值权重，需要对数据进行无量纲化处理，处理公式为：

$$y_{ij} = \frac{x_{ij}}{\max(x_{ij})} \quad (i = 1,2,3,\cdots,9) \qquad \text{式}(5-12)$$

处理以后的数据见表5-11。

表5-11 主要指标数据无量纲化处理后的数据

i	j								
	1	2	3	4	5	6	7	8	9
1	68.44	68.97	71.41	74.28	78.64	83.66	86.64	90.73	91.79
2	45.97	51.86	53.78	57.55	58.76	61.94	64.54	71.1	100
3	9.197	10.13	10.71	11.53	12.69	13.5	15.37	16.76	96.16
4	28.9	33.07	34.97	37.66	41.42	46.52	51.25	80.06	89.75
5	18.08	21.21	24.86	27.48	32.92	37.19	44.32	57.88	78.79
6	23.4	31.91	34.04	36.17	38.3	42.55	48.94	68.09	82.98
7	43.83	49.2	57.5	59.08	65.09	71.25	77.61	84.3	91.29
8	100	96.94	79.9	81.14	71.84	69.08	77.14	81.12	84.29
9	56.41	58.52	64.66	68.52	59.76	64.81	67.37	92.9	92.46
10	68.44	68.97	71.41	74.28	78.64	83.66	86.64	90.73	91.79

5.2.4.2　咸宁高新区人才管理绩效指数的计算

经过无量纲化处理以后的各指标，可以按照式（5-13）计算各指标加权以后的指标值：

$$C_{ij} = y_{ij} \times w_j \qquad\qquad 式（5-13）$$

式（5-13）中，w_j为表5-11中利用 AHP-熵值法计算的综合权重，计算结果如表5-12所示。

表 5-12　主要指标数据加权值

i	j								
	1	2	3	4	5	6	7	8	9
1	6.844	6.897	7.141	7.428	7.864	8.366	8.664	9.073	9.179
2	8.274	9.336	9.681	10.36	10.58	11.15	11.62	12.8	18
3	0.561	0.618	0.653	0.703	0.774	0.824	0.937	1.023	5.866
4	1.734	1.984	2.098	2.26	2.485	2.791	3.075	4.803	5.385
5	2.188	2.567	3.008	3.325	3.984	4.499	5.363	7.004	9.533
6	5.57	7.596	8.102	8.609	9.115	10.13	11.65	16.2	19.75
7	5.304	5.953	6.958	7.149	7.875	8.621	9.391	10.2	11.05
8	7.6	7.367	6.072	6.167	5.46	5.25	5.863	6.165	6.406
9	2.595	2.692	2.974	3.152	2.749	2.981	3.099	4.273	4.253
10	6.844	6.897	7.141	7.428	7.864	8.366	8.664	9.073	9.179

根据表5-12计算的指标可以先计算各一级指标的发展指数FA_j，其计算公式为：

$$FA_j = \frac{\sum A_i}{WA_i} \qquad\qquad 式（5-14）$$

式（5-14）中，WA_i是指A_i相对于目标层的权重，也就是其二级指标权重之和。

目标层也就是咸宁高新区人才管理绩效指数，可以通过式（5-15）计算：

$$FO_j = \sum FA_j = \sum_{i=1}^{9} C_{ij} \qquad\qquad 式（5-15）$$

5.2.4.3 计算结果分析

表 5 - 13 和图 5 - 7 是按照式（5 - 14）和式（5 - 15）计算的咸宁高新区人才管理绩效指数和 3 个一级指标指数在 2010—2019 年的变化。

表 5 - 13 2010—2019 年咸宁高新区人才指数

人才指数	年份									
	2010	2011	2012	2013	2014	2015	2016	2017	2018	2019
人才管理绩效指数	40.669	45.01	46.69	49.15	50.88	54.61	59.66	71.54	89.42	97.46
人才数量指数	45.978	49.41	51.25	54.22	56.35	59.65	62.22	67.14	96.91	96.09
人才质量指数	26.004	33.28	36.19	38.89	42.69	47.72	55.03	76.74	94.98	114.8
人才环境指数	63.78	65.9	65.86	67.77	66.19	69.35	75.53	84.93	89.32	93.81

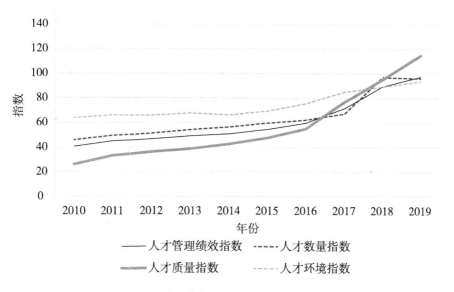

图 5 - 7 咸宁高新区人才管理绩效指数变化

从图 5 - 7 可以看出：

首先，近 10 年来咸宁高新区人才管理绩效，无论是总体绩效指数还是各一级指数，都呈现上升趋势，说明其人才管理水平呈逐年提高趋势。

其次，以 2016 年为转折点，2016 年前后高新区人才管理绩效指数的增长速度和决定因素都发生了显著变化，说明高新区入选国家级高新区有显著的正向作用。

最后，在 3 个一级指标中，环境指数变化小，这主要是由生态原因正向变化不明显所产生。而变化最迅速的是人才质量，特别是 2016 年以后，随着咸宁市实施"招硕引博"工程等人才政策的实施，人才质量有了迅速提升。

5.3 咸宁高新区人才机制与民营企业产业创新耦合协调度分析

5.3.1 耦合协调度的计算

选取表 3-25 中咸宁高新区民营企业产业创新发展绩效指数和表 5-13 中咸宁高新区民营企业人才管理绩效指数，根据式（5-5），可以求取到 2010—2019 年咸宁高新区人才机制与民营企业产业创新耦合协调度，结果如表 5-14 和图 5-8 所示。

表 5-14 **2010—2019 年咸宁高新区人才机制与民营企业产业创新耦合协调度指数**

年份	2010	2011	2012	2013	2014	2015	2016	2017	2018	2019
产业创新发展绩效指数	49.79	51.53	49.94	54.48	59.22	63.66	60.46	89.41	94.81	91.79
人才管理绩效指数	40.67	45.01	46.69	49.15	50.88	54.61	59.66	71.54	89.42	97.46
耦合协调度	44.32	47.618	47.99	51.282	54.216	58.23	59.98	78.688	91.576	95.192

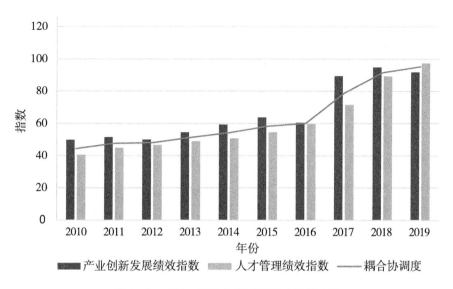

图 5 - 8　**2010—2019 年耦合协调度指数变化**

5.3.2　耦合协调度计算结果分析

将表 5 - 14 和图 5 - 8 的计算结果与表 5 - 2 比较，可以发现：

首先，咸宁高新区人才机制与民营企业产业创新耦合协调度总体呈上升趋势，说明咸宁高新区民营企业产业与人才之间是正相关，二者之间互动效应明显。

其次，从耦合度的数值上看，以 2013 年和 2017 年为界限可以分成三个时期，2010 年至 2012 年为轻度失调阶段，2013 年到 2016 年为初级协调阶段，2017 年以后为良好协调阶段。

最后，进一步分析上述三个阶段发现，第一个阶段为轻微失调阶段，可以发现产业创新指数明显高于人才绩效指数，说明这个阶段高新区对人才的重视程度不够；第二个阶段为初级协调阶段，此阶段产业创新指数增长率明显放缓，引起二者都适度提升；而第三个阶段以后，由于高新区受咸宁市各项人才政策刺激作用明显，人才绩效指数开始超越产业创新指数，人才对产业的刺激作用开始彰显。

5.4 本章小结

本章以耦合理论为基础，旨在以耦合协调为判别依据，探讨咸宁高新区民营企业产业创新和人才管理绩效之间的相互关系。以第三章咸宁高新区民营企业产业创新研究为支点之一，本章进一步计算了咸宁高新区民营人才管理绩效指数，在构建二者耦合协调度计算模型的基础上，验证了近10年二者的耦合协调度指数。通过该指数可以发现，自 2013 年以来高新区民营企业产业创新与人才管理之间呈正向协调关系，尤其在 2017 年以后，二者协调度明显提升。

本章参考文献

［1］万金荣. 国科技成果产业化问题研究［D］. 哈尔滨：东北林业大学，2006.

［2］丁晖. 区域产业创新与产业升级耦合机制研究［D］. 南昌：江西财经大学，2013.

［3］金瑞君. 包头市人才政策效果与企业发展耦合协调研究［D］. 包头：内蒙古科技大学，2016.

［4］任红梅，李香菊. 基于耦合协调模型的文化产业财税政策效应分析：以陕西省为例［J］. 税收经济研究，2018，23（6）：64 – 74.

［5］翁睿. 基于产业耦合理论的企业多元化优势分析：以日本电器制造业分析［D］. 上海：复旦大学，2010.

［6］何明军，黄伟光，王志国. 医学人才选拔的评价指标体系［J］. 第一军医大学学报，2002，22（7）：665 – 667.

［7］范柏乃. 发展高技术产业人才政策实证研究［J］. 中国软科学，2000（8）：62 – 66.

［8］王海芸，宋镇. 企业高层次科技人才吸引力影响因素的实证研究［J］. 科学学与科学技术管理，2011，32（3）：152 – 157 + 164.

［9］LI C, ZHANG Y. An Empirical Research on the Impact of Regional Innovation Policy on Enterprise Innovation Efficiency［J］, Science Research Management, 2014, 6（3）：

66 – 73.

[10] 王宁，徐友真，杨文才．基于因子分析和 DEA 模型的河南省科技人才政策实施成效评估 [J]．科学管理研究，2018，36（4）：69 – 72.

[11] 高佳焕．城市间人才竞争与城市综合竞争力研究 [D]．南京：南京大学，2020.

[12] REINER C, MEYER S, SARDADVAR S. Urban Attraction Policies for International Academic Talent: Munich and Vienna in Comparison [J]．Cities，2017（61）：27 – 35.

[13] 郝寿义，倪鹏飞．中国城市综合竞争力研究：以若干城市为案例 [J]．经济科学，1998（3）：50 – 56.

[14] 徐秀竹．高新园区科技人才引进与培育双螺旋锅合研究：以南京江宁高新园区为例 [D]．武汉：华中师范大学，2015.

[15] 王馨，陈妮，赵雅雯．基于熵权 TOPSIS 法的企业创新型技术人才价值评价 [J]．东北大学学报：自然科学版，2020（41）：1788 – 1783.

[16] 李方正．产业集群与人才集群耦合机制研究 [D]．阜新：辽宁工程技术大学，2011.

[17] 程名君．重庆自由贸易试验区人才竞争力研究 [D]．重庆：重庆大学，2018.

[18] 韩晓静．山东省人才竞争力评价体系研究 [D]．青岛：中国石油大学，2013.

[19] 王建强，潘静．河省域人才竞力较研究 [J]．中国人力资源开发 2009，12，92 – 95.

[20] 李海燕，曹文瑞，吴少林，等．我国科技人才评价指标体系和综合评价方法综述 [J]．中华医学科研管理杂志，2006（19）：382 – 384.

[21] 王世杰．战略新兴产业科技人才集聚与内育双螺旋耦合模式研究 [D]．武汉：武汉理工大学，2013.

[22] 张同全．我国制造业基地人才集聚效应评价：基于三大制造业基地的比较分析 [J]．中国软科学，2009（11）：64 – 71.

[23] 董慧．中国区域创新能力与人才结构的耦合性分析 [D]．沈阳：辽宁大学，2018.

6　咸宁高新区民营企业人才流动机制

6.1　人才流动概述

6.1.1　人才流动概念

人才流动是指按照专业人才的需求而改变其隶属关系或服务对象的一种现象。人才流动是社会经济发展的产物，与生产力发展及社会分工的细化相适应。

广义的人才流动是指人才工作状态的变化。工作状态包括工作单位、地点、岗位、服务对象等内容。因此，从广义来看，一旦人才的工作状态发生变化，就可以认为产生了人才流动。

狭义的人才流动主要是指人才从一个组织到另一个组织的过程和现象，这两个组织一般有不同的管理主体和空间位置，这种流动即常说的"跳槽"。

人才流动是一种社会现象，人才的有序流动是实现人力资源在全社会最佳配置的重要途径，也是提高人才资源使用率和发挥人才潜力的重要环节。

人才的流动包括人才流入和人才流出两个方面。

6.1.2　人才流动的类型

根据不同的标准，人才流动可以划分为不同的类型（詹晖，2017）。

（1）基于流动原因

根据流动原因，可以将人才流动分为自主性流动与结构性流动两种类型。为了获取更好的薪酬待遇或者得到更好的职业发展，一个企业的人才会主动要求离开而进入另一个企业，这种流动即为自主性流动。如果一个企业根据生产和管理的需求，要求一部分员工进行部门调整甚至裁减部分员工，这种人才流动称为结构性流动。

（2）基于隶属关系

根据隶属关系，可以将人才流动分为动编流动和在编流动两种类型。在人才流动过程中，如果员工的编制从原工作单位转到新的工作单位，则称为动编流动，也称刚性流动。反之，如果在流动过程中，员工的隶属关系不发生改变，则称之为在编流动，也称柔性流动。

（3）基于服务组织

根据服务组织是否改变，可以将人才流动分为组织内流动与组织间流动两种类型。如果员工的职位或者工种只是在一个单位内部进行调整，则称为组织内流动，这种流动实际上是一种管理行为，由人力资源管理部门完成，是一种广义的人才流动。

如果人才的工作单位发生了变化，则为组织间流动，这也是通常意义上的人才流动。这种流动又可以根据人才流动前后工作单位的差异进行分类。首先是企业间的流动，表明人才所服务的企业发生变化；其次是产业间的流动，是指人才不仅改变了其所服务的企业，而且改变了其所从事的行业和产业，这种情况下其职业往往会发生变化；再次是地区间的流动，也就是人才工作的地区发生了改变，这种流动与经济社会发展的区域差异相关；最后是国际间的流动，即人才工作的国家发生了改变，是一种跨国流动，这种流动在某种程度上可以实现全球范围内人才的优化配置。

（4）基于流动方向

根据人才流动的方向，可以分为人才流入和人才流出两种类型。人才流出又包括人才流失与人才溢流：人才流失是指人才从原企业离开加入另外的企业；人才溢流是指某一个国家或地区由于人才过剩而导致很多人才处于闲置或者失业的状态，为了寻找新的就业机会，这些闲置或者失业人才会转移到另外的国家或地区。

人才流入又包括人才增流和人才回流两种情形。人才增流是指某一个国家、地区或者企业的人才数量呈增长的趋势，增长的人才来自外部地区；人才回流是指人才从某个国家、地区或者企业流出后，经过一段时间又回到原来的工作单位和地区的现象。

6.1.3　人才流动的特征

（1）人才流动的梯度效应

尽管引起人才流动的因素较为复杂，但主要原因大致体现在区域经济结构与发展水平、人才个人发展和薪资待遇等几个方面。首先，地区经济发展不平衡，会形成经济发展水平的梯度差异。大多数情况下，科技人才为了获得更好的发展机会与经济待遇，往往会选择到经济发展水平较高的地区就业，因此这种梯度力会推动人才流动的方向。其次，人才流动的梯度力也可以表现为产业的发展，各种产业在空间分布上也存在差异。一般来说，大多数产业的发展与当地经济发展水平一致，但有些产业的发展水平并不一定与当地经济发展水平一致，此时吸引相关产业人才流动的梯度力可能就不是经济发展驱动力，而是产业的发展推动人才的流动。此外，在某些特殊情况下也会有人才的逆向流动情况发生，比如某些经济不发达地区通过特殊待遇引进人才，这从另一个方面说明了人才流动的梯度效应。

（2）人才流动的聚集效应

如前所述，由于人才流动在总体上存在梯度效应，因此对于经济、科技或者产业发展比较发达的地区，无论是从数量还是从质量方面上看，人才的流入要远远大于人才的流出；反之，对于那些经济发展较为落后的地区，由于本身基础设施以及产业发展的限制，科技人才特别是高科技人才很少有用武之地，人才流入也极为有限。经过一段时间的累积，必然会导致人才在空间上的聚集。人才的聚集必然会导致这些人才聚集区域在科技与产业创新方面形成更大的比较优势，这种优势会进一步拉大本地经济和社会发展水平与其他地区的差异，从而引发新一轮的人才流入。这种人才流动形成的聚集效应，一方面便于集中优势力量解决很多科技创新问题，但是从另一方面来看，也会对人才产生虹吸效应，进一步加剧经济发展的区域不平衡。

（3）人才流动的速度效应

随着知识经济时代的到来，科技创新成为经济发展的巨大推动力，高素质人才能够为企业技术创新提供智力支持，因而成为企业特别是高科技企业的重要财富，也成为社会的稀缺资源，从而人才流动也更加频繁。进入信息时代以后，知识更新与信息传播速度加快，各类人才必须紧跟时代的发展，不断更新知识体系，并进行实践技能方面的交流学习，这促使科技人才通过不同方式进行交流学习，从而推动人才以不同方式进行流动。此外，由于社会的进步与思想的开放，相关的人事制度改革不断深入，人才流动相对以往障碍更少，因而加快了人才流动的速度。

6.1.4 人才流动的研究内容

（1）人才流动的影响因素

人才流动是一种社会现象，有其深刻的社会和经济原因，因此有大量的学者对人才流动的影响因素进行了研究探讨。例如，周海锋等（2020）分析了高层次人才流动的趋势和内在机理及其带来的影响，并对人才合理流动的新机制进行了探讨；杜伟（2018）从人才生态系统的视角，对企业高层次人才流动的影响因素进行了分析，并采用因子分析方法进行了实证研究，提出了人才流动管理策略；张华（2013）通过 SWOT 模型分析了江苏省创新创业人才流动的影响因素，分析了人才流动过程中存在的问题，并提出了完善人才流动机制的对策。

人才流失也是人才流动的重要组成和表现形式，也有很多专家学者对人才流失的原因进行了探索。如张敏等（2020）从外部吸引和内容提升双重导向角度出发，分析了中小企业人才流失的原因，并提出了相应的对策；金明（2019）分析了我国民营企业人才流失的现状和成因，在此基础上进行了案例分析，并提出了民营企业人才流失的应对策略。

（2）人才流动的经济效应

人才流动是社会经济发展的结果，同时也会促进区域经济发展水平的提高，因此学者们在人才流动与经济发展之间的相互效应方面做了很多研究工作。如王舜淋等（2017）构建了人才流动与产业集群发展的动力机制模型，提出了保障该系统正常运行的策略与建议；孙博等（2020）采用社会网络分析方法，建立了企业人才流动形成的社会网络，分析了不同类型社会网络对企业战略柔性的影响和作用。

（3）人才流动与聚集

人才的流动也会带来人才的聚集，这方面也有很多研究成果：柳瑛等（2021）以长江学者特聘教授为例，分析了我国高端人才的数量和空间分布特征，从不同职业阶段研究了人才流动的路径、方向和科研产出，并分析了我国高端人才布局与流动的驱动因素；芦慧等（2018）从雾霾污染地区人才流入和流出的视角出发，分析了雾霾风险感知对人才流动倾向的影响机制；卢青等（2021）从乡村振兴发展与人才振兴相互作用的角度出发，总结了国内外相关领域人才流动的研究动态；李帅（2010）提出了战略转型期人才流动管理机制，并结合实际案例对提出的模型进行了验证。

（4）人才流动的对策

在人才流动对策方面，学界也有很多成果：陈相（2020）研究了不同政策情境下人才流动的反应机制，通过建立数学模型对人才势差与人才流动的关系进行了描述，提出了人才引进政策的优化策略；陈峥（2019）通过对美国和日本高端人才输入的数量和类型进行统计，分析了美日两国人才输入和输出的机制及发展趋势，总结了我国高端人才流动国际化机制的改革方向；原新等（2021）将宏观数据与微观数据相结合，采用条件 Logit 模型对影响我国青年人才城市选择的因素进行了研究，在此基础上提出了城市吸引人才的相关举措；王欣（2012）采用多种调查方式对天津市滨海新区高层次人才引进现状进行了调查，采用数学统计方法对获取的数据进行了分析，总结了该地区人才流动的原因，并提出了对策；李岩（2019）分析了邮政企业人才流动机制存在的问题，提出了完善该领域人才流动机制的措施；梁小昌（2019）通过问卷调查方式对特定产业园中企业人才流失现状进行了调研，采用数理统计方法进行分析，论述了该产业园人才流失的主要原因，并提出了对策。

6.2 咸宁高新区民营企业人才流失分析

人才流失是人才流动的一种特殊类型，是指人才出于某些原因而离开所服务的企业或地区，从而导致该企业或地区出现人才匮乏的现象。

根据人才作用表现形式的差异，人才流失可以分为显性流失与隐性流失两种类型。人才的显性流失是指由于某个企业的人才离开原工作单位而导致该企业的生产和经营发生困难的现象；而人才的隐性流失是指人才并没有离开工作单位，但是由于单位的人才激励机制不够或者其他原因，人才的工作积极性没有被调动起来，从而影响企业的生产和经营的现象。本节中的人才流失主要是指人才的显性流失。

6.2.1 咸宁高新区人才流失现状

6.2.1.1 人才流失现状

根据《中国火炬统计年鉴2018—2020》相关数据，咸宁高新区近3年各类人员流动呈现不同的特点（见表6-1）。从从业人员总数来看，2017—2019年这3年从业人员总数呈增加态势，特别是2018—2019年增长迅速；留学归国人员的变化趋势则相反，3年中该类人员持续减少，特别是2018—2019年从826人减少到144人，减少比例达82.6%；外籍常驻人员的数量在2017—2018年增幅较大，但是到2019年则减少到12人；2018—2019年，大专以上的员工占比也呈下降的趋势；科技活动人员的数量从2017年的13 707人减少到了2019年的8 757人，降幅达到了36.1%；从高新区的R&D人员数量来看，2017年到2018年有一个较为明显的增长，但是2018年到2019年期间又有大幅下降。

表 6-1 咸宁高新区各类人员近 3 年构成

年份	从业人员	留学归国人员	外籍常驻人员	大专以上	科技活动人员	R&D 人员
2017 年	66 257	859	108	43 264	13 707	4 155
2018 年	67 032	826	171	46 728	10 483	5 728
2019 年	73 024	144	12	33 223	8 757	4 752

数据来源:《中国火炬统计年鉴 2018—2020》。

6.2.1.2 人才流失特点

根据对以上统计数据的分析,结合对相关企业的调研分析,咸宁高新区人才流失的特点主要表现如下。

从人才流失的总体情况看,咸宁高新区民营企业各级人才都存在流失较为严重的情况,特别是高层次的人才,如学历为硕士及以上和留学归国人员等的流失更为严重;此外,从事产品开发的科研人才和技术人才的流失也较为明显。

从人才流失的产业分布来看,高新技术产业的人才流失更为明显,而传统工业产业的人才流失情况稍好。咸宁高新区主要产业为工业企业,已有的企业中人均工业总产值要高于全国高新区平均水平,2021 年上半年新签约的投资项目中 90% 以上的为工业企业项目。目前已形成了食品饮料、生物医药、先进制造、电子信息、新材料、包装印刷、纺织服装以及森林工业等特色产业集群,这些产业对员工的知识和技术水平的要求有所不同,对人才的吸引力也有差异。具体来说,高新区生物医药、先进制造、电子信息等高新技术产业的高层次人才流失相对较多,而食品饮料、包装印刷、纺织服装以及森林工业等产业人才流失情况要好一些。

咸宁高新区高层次人才的流失,对于相关企业特别是民营企业的发展和创新会带来不利的影响,因此需要探讨高新区人才流失的成因,为留住人才提供帮助。

6.2.2 咸宁高新区人才流失成因分析

6.2.2.1 指标与数据

本研究对咸宁高新区人才流失成因分析的主要数据来源于调查问卷。

由于人才流失的主要原因体现在个人、组织和外部原因三个方面，因此对调查问卷的设计也主要围绕这三个方面来进行，选取的主要指标如下。

（1）工资水平（X_1）

工资水平（包括工资、奖金和福利）是反映人才价值的最基本指标，合理的工资水平是留住人才的关键因素，因此工资水平的满意程度是人才流失的重要指标。

（2）工作环境（X_2）

工作环境包括物理环境和社会环境，也包括宏观环境与微观环境，如企业为员工提供的工作环境、设备和服务设施等，还包括企业文化、企业所从事的产业以及企业发展的现状与前景等因素。

（3）绩效考核（X_3）

绩效考核不但是对员工的工作能力和业绩的评价，也是对员工工作成果的肯定。企业对员工考核的指标是否科学合理、考核的过程是否公正和公平，都会对员工工作满意度产生很大的影响，从而影响员工对是否离职的判断。

（4）员工培训（X_4）

企业对员工的培训对企业发展与个人进步有重要的意义，对此指标的考察中应考虑企业是否为员工制定合理的职业规划、培训系统是否完善、培训的实施是否按时完成等。一般来说，培训机制比较健全的企业能够为员工提供进步的途径和平台，员工的职业规划比较明确，因此更能吸引人才留任。

（5）职业认同（X_5）

外界对于员工职业的认同也是影响其是否留任的重要因素，主要包括员工从事的职业或职位本身所处的社会地位，以及员工的家人和朋友对其工作的认可程度。职业认同度比较高的工作会获得社会和家庭的认可，能够为员工工作提供强大的外部支持。

（6）示范效应（X_6）

一般来说，如果员工有很多同事辞职后能够在新的企业中获得更好的待遇和发展机会，那么就会产生明显的示范效应，从而导致员工产生离职的念头甚至会实施。

（7）人际关系（X_7）

主要是指员工在工作中与同事之间的关系是否融洽。和谐的人际关系能够带来更愉悦的工作体验，会极大增强对工作的满意度。影响人际关系的因素不仅是个人的，同时与企业相关制度建设也有关系，如企业文化和企业绩效考核制度、企业沟通渠道等。

（8）机会成本（X_8）

这里的机会成本是指员工离职后再就业的难易程度。一般来说，如果员工预计到离职后再就业难度较大，则其离职意向一般比较弱。这种机会成本主要与员工的性别、年龄、受教育程度以及所从事的行业有关。

（9）主观认知（X_9）

即员工主观上对自己离职行为的判断，这种判断主要是从他人和自身两个方面达成，他人主要指与员工关系密切或者对其有重要影响的人，而自身的判断主要是通过员工对自己在企业工作的价值是否达到预期来实现。

（10）行为态度（X_{10}）

行为态度是指员工根据企业内部因素分析自身是否离职的一种判断，判断依据就是从企业离职是否符合自身利益、是否正确以及如果继续在该企业工作，对自己的未来发展以及职业规划是否有价值。

（11）行为认知（X_{11}）

员工对自己在企业中的实际工作状态进行的一种判断，并以此作为是否离职的影响因素，主要包括是否能与他人配合完成工作任务以及是否能够按照其意愿与人共处。

（12）离职意图（X_{12}）

此项指标为员工对自己是否离职的最终判别，以此确定是否计划离职或者在以后是否有离职的可能。

针对上面的12个变量设计问卷（问卷内容见表6-2），要求被测试者采用李克特量表进行打分。

表6-2 咸宁高新区民营企业人才流失问卷内容表

变量	问卷内容
工资水平（X_1）	X_{11}：你对目前的工资水平的满意程度。
	X_{12}：你认为你的工资水平与你的岗位或贡献匹配程度。
	X_{13}：你的工资水平与其他单位相同岗位相比的满意程度。
	X_{14}：你对你们单位整体工资水平的满意程度。
工作环境（X_2）	X_{21}：你对你工作单位的区位条件是否满意。
	X_{22}：你的工作环境的舒适程度是否达到你的期望。
	X_{23}：你对你工作单位的配套设施和服务设施是否满意。
	X_{24}：你对工作单位的企业文化与价值观的满意程度。
绩效考核（X_3）	X_{31}：你对工作单位绩效考核的项目和标准是否满意。
	X_{32}：你对单位绩效考核过程的公平性是否满意。
	X_{33}：你对工作单位绩效考核的结果是否满意。
员工培训（X_4）	X_{X41}：你对工作单位的员工培训系统是否满意。
	X_{42}：你们单位是否会进行定期的职业培训。
	X_{43}：你对工作单位员工培训的效果是否满意。
	X_{44}：你们单位是否会制定员工职业规划并提供相应平台。
职业认同（X_5）	X_{51}：你对你目前的职业以及工作岗位是否满意。
	X_{52}：你的家人和朋友对你的职业及工作岗位的满意程度。
	X_{53}：你所从事的职业的社会认同度如何。
示范效应（X_6）	X_{61}：你所在单位的员工离职的较多。
	X_{62}：你同事离职后很快找到较为满意的工作。
人际关系（X_7）	X_{71}：你所在工作单位的领导善于倾听职工意见和建议。
	X_{72}：你所在工作单位人际关系较为融洽。
	X_{73}：你在工作中能够与同事保持融洽的关系。
机会成本（X_8）	X_{81}：你的自身条件会对你找工作产生不利影响。
	X_{82}：你离职后可以很快找到新工作的困难较大。
行为态度（X_9）	X_{91}：你认为离职比较符合你的目前现状。
	X_{92}：你认为离职对你来说是正确的决定。
	X_{93}：你认为继续在目前单位工作没有价值。

续表

变量	问卷内容
主观认知（X_{10}）	X_{101}：你对自己目前工作的价值产生怀疑。
	X_{102}：你的家人和朋友认为你应该离职。
	X_{103}：其他你认为很重要的人也觉得你应该离职。
行为认知（X_{11}）	X_{111}：你在工作单位不能很好与同事沟通和共事。
	X_{112}：你在工作单位的工作受限制太多。
离职意向（X_{12}）	X_{121}：你觉得你有很大的可能离职。
	X_{122}：你已经计划离职并马上实行。

问卷调查对象为咸宁高新区民营企业不同岗位的员工，采用网络问卷的方式进行。通过 3 个多月的时间，收集有效问卷 186 份，样本数达到结构方程模型分析的要求。

6.2.2.2　模型方法——路径分析

多元线性回归模型可以用来探求多个自变量与因变量之间的直接的因果关系，但是要求自变量之间不存在因果关系。而在实际的应用中，自变量之间可能存在因果关系，此时简单的多元线性回归模型就不能将变量之间的关系描述清楚，需要增加相应的回归模型对自变量之间的关系进行描述，这种描述即为路径分析模型。

在路径分析模型中，如果一个变量只影响其他的变量而不受其他变量的影响，则该变量称为外生变量；反之，如果一个变量既能影响其他变量，也会受到其他变量的影响，则该变量称为内生变量；如果一个变量只受其他变量的影响，而不影响其他变量，则该变量称为最终结果变量。最终结果变量为最终的研究目标，研究过程中出现的内生变量也有重要意义，可以对最终结果变量进行更深入的分析。

路径分析为多元线性回归的扩展，需要根据领域知识确定各个变量之间的关系设计路径分析图，按照路径分析图中列出的因变量的数量确定多个多元线性方程，因此路径分析模型是由一组多元线性方程构成的模型组合。

在影响咸宁高新区民营企业人才流失的这些因素中，由于工资水平（X_1）、工作环境（X_2）、绩效考核（X_3）和员工培训（X_4）这4个变量会对行为态度（X_9）变量产生影响，但是它们不受其他变量的影响，因此这4个变量为外生变量，而受其影响的行为态度（X_9）为内生变量；同理，由于职业认同（X_5）和示范效应（X_6）这两个变量会对主观认知（X_{10}）变量产生影响，因此主观认知（X_{10}）为内生变量，职业认同（X_5）和示范效应（X_6）为外生变量；人际关系（X_7）和机会成本（X_8）会对行为认知（X_{11}）变量产生影响，因此认为行为认知（X_{11}）为内生变量，人际关系（X_7）和机会成本（X_8）为相应的外生变量。此外，行为态度（X_9）、主观认知（X_{10}）和行为认知（X_{11}）会对离职意向（X_{12}）产生影响，而离职意向（X_{12}）不会对其他变量产生影响，因此该变量为最终结果变量。

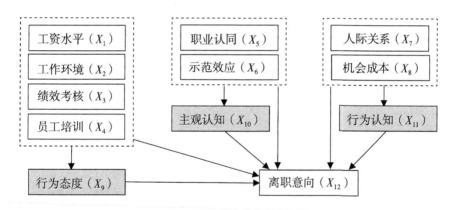

图6-1 咸宁高新区民营企业人才流失影响因素路径分析

图6-1为这12个变量之间的路径分析图，其中虚线框中的变量为外生变量，灰色填充框中的为内生变量，实线箭头为外生变量与内生变量之间的关系。

根据该路径分析图，可以拟合出四个多元回归方程：

$$X_9 = a_{01} + a_1 X_1 + a_2 X_2 + a_3 X_3 + a_4 X_4 + \varepsilon_1 \qquad \text{式（6-1）}$$

$$X_{10} = a_{02} + a_5 X_5 + a_6 X_6 + \varepsilon_2 \qquad \text{式（6-2）}$$

$$X_{11} = a_{03} + a_7 X_7 + a_8 X_8 + \varepsilon_3 \qquad \text{式（6-3）}$$

$$X_{12} = b_0 + b_1X_1 + b_2X_2 + b_3X_3 + b_4X_4 + b_5X_5 + b_6X_6 + b_7X_7 + b_8X_8$$
$$+ b_9X_9 + b_{10}X_{10} + b_{11}X_{11} + \varepsilon_4 \qquad \text{式}(6-4)$$

其中，ε_1、ε_2、ε_3、ε_4 为残差。

6.2.2.3 数据分析

（1）调查问卷信度分析

为了对问卷调查结果的可靠性和一致性进行检验，这里采用 Cronbach α 系数进行信度检测。一般来说，当 α≥0.7 时，表明调查问卷的可靠性和一致性较高，结果可信；当 0.6≤α<0.7 时，表明调查结果可靠性可以接受；如果 α<0.6，则信度达不到要求，问卷需要进行调整。

使用 SPSS 软件中的分析工具，可以计算出咸宁高新区民营企业人才流失调查问卷信度分析的结果，各维度及总体值如表 6-3 所示。

表6-3　咸宁高新区民营企业人才流失原因问卷结果信度分析

变量	Cronbach's Alpha	基于标准化项的 Cronbach's Alpha	项数
工资水平（X_1）	0.796	0.798	4
工作环境（X_2）	0.731	0.725	4
绩效考核（X_3）	0.793	0.787	3
员工培训（X_4）	0.818	0.815	4
职业认同（X_5）	0.735	0.746	3
示范效应（X_6）	0.722	0.735	2
人际关系（X_7）	0.809	0.813	3
机会成本（X_8）	0.797	0.802	2
行为态度（X_9）	0.707	0.714	3
主观认知（X_{10}）	0.796	0.795	3
行为认知（X_{11}）	0.748	0.756	2
离职意向（X_{12}）	0.802	0.811	2
	0.951	0.947	35

根据表 6 – 3 中的计算结果可知，所有变量的 Cronbach α 系数均大于 0.7，表明各个指标的各个维度都具有较高的可靠性和一致性；最后一行为所有变量的内部一致性的信度计算值，大小均超过了 0.9，表明问卷的总体信度较高。

（2）内生变量影响因素分析

①行为态度（X_9）

根据路径分析，行为态度（X_9）变量为内生变量，其对应的外生变量分别为工资水平（X_1）、工作环境（X_2）、绩效考核（X_3）和员工培训（X_4），它们之间的表达式为式（6 – 1）。根据调查问卷数据，采用 SPSS 回归分析工具，可以得到多元回归模型的各个变量的系数及显著性指标，结果如表 6 – 4 所示。

表 6 – 4 内生变量行为态度（X_9）的变量参数

模型	非标准化系数		标准系数	t	$Sig.$	B 的 95.0% 置信区间	
	B	标准误差	试用版			下限	上限
（常量）	0.159	1.090		0.146	0.886	– 2.164	2.482
X_1	0.620	0.271	0.624	2.290	0.037	0.043	1.197
X_2	0.537	0.226	0.498	2.380	0.031	0.056	1.018
X_3	0.140	0.201	0.149	0.693	0.499	– 0.289	0.569
X_4	– 0.374	0.252	– 0.374	– 1.484	0.159	– 0.912	0.163

根据表 6 – 4 中的各个变量的系数可以看出，影响咸宁高新区民营企业员工行为态度（X_9）的 4 个变量中，工资水平（X_1）、工作环境（X_2）、绩效考核（X_3）对员工的行为态度产生正向影响，而员工培训（X_4）则对行为态度产生负向影响；从显著性水平来看，只有两个变量的显著性水平满足小于 0.05 的要求，即工资水平（X_1）和工作环境（X_2），其显著性水平分别为 0.037 和 0.031，其余两个变量绩效考核（X_3）和员工培训（X_4）的显著性水平分别为 0.499 和 0.159，不满足显著性水平要求；从影响力大小来看，满足显著性水平的两个变量中，工资水平（X_1）对行为态度的影响（0.620）要略大于工作环境（X_2）的影响（0.537）。

②主观认知（X_{10}）

对于内生变量主观认知（X_{10}）而言，影响它的 2 个外生变量分别为职业认同（X_5）和示范效应（X_6），对应的回归方程为式（6-2）。根据调查问卷数据，采用 SPSS 回归分析工具，可以得到多元回归模型的各个变量的系数及显著性指标，结果如表 6-5 所示。

表 6-5　内生变量主观认知（X_{10}）的变量参数

模型	非标准化系数		标准系数	t	Sig.	B 的 95.0% 置信区间	
	B	标准误差	试用版			下限	上限
（常量）	4.002	0.816		4.905	0.000	2.281	5.723
X_5	0.061	0.175	0.074	4.347	0.001	-0.309	0.430
X_6	-0.400	0.185	-0.463	-3.160	0.015	-0.790	-0.009

根据表 6-5 中的参数，影响咸宁高新区民营企业员工主观认知（X_{10}）的 2 个变量中，职业认同（X_5）对员工的主观认知产生正向影响，而示范效应（X_6）则对主观认知产生负向影响；从显著性水平来看，这 2 个变量的显著性水平均满足小于 0.05 的要求，其显著性水平分别为 0.001 和 0.015；从影响力大小来看，职业认同（X_5）对主观认知的影响小于示范效应（X_6）的影响。

③行为认知（X_{11}）

对于内生变量行为认知（X_{11}）而言，影响它的 2 个外生变量分别为人际关系（X_7）和机会成本（X_8），对应的回归方程为式（6-3）。根据调查问卷数据，采用 SPSS 回归分析工具，可以得到多元回归模型的各个变量的系数及显著性指标，结果如表 6-6 所示。

表 6-6　内生变量行为认知（X_{11}）的变量参数

模型	非标准化系数		标准系数	t	Sig.	B 的 95.0% 置信区间	
	B	标准误差	试用版			下限	上限
（常量）	3.111	0.901		3.454	0.003	1.211	5.012
X_7	0.222	0.215	0.232	3.033	0.002	-0.232	0.676
X_8	-0.333	0.235	-0.319	-4.421	0.001	-0.828	0.162

根据表6-6中的参数，影响咸宁高新区民营企业员工行为认知（X_{11}）的2个变量中，人际关系（X_7）对员工的行为认知产生正向影响，而机会成本（X_8）则对行为认知产生负向影响；从显著性水平来看，这2个变量的显著性水平均满足小于0.05的要求，其显著性水平分别为0.002和0.001；从影响力大小来看，人际关系（X_5）对主观认知的影响小于机会成本（X_8）的影响。

（3）人才流失影响因素分析

在考察的12个变量中，最终结果变量为离职意向（X_{12}），该变量与其余11个变量之间的回归方程表达式为式（6-4）。根据调查问卷数据，采用SPSS回归分析工具，可以得到多元回归模型的各个变量的系数及显著性指标，结果如表6-7所示。

表6-7 结果变量离职意向（X_{12}）相关变量参数

模型	非标准化系数		标准系数	t	$Sig.$	B 的95.0% 置信区间	
	B	标准误差	试用版			下限	上限
（常量）	5.398	1.736		3.110	0.014	1.395	9.400
X_1	-0.685	0.341	-0.675	-3.007	0.004	-1.472	0.102
X_2	-0.322	0.374	-0.292	-3.861	0.001	-1.183	0.540
X_3	-0.185	0.304	-0.194	-4.609	0.000	-0.887	0.517
X_4	-0.148	0.300	-0.145	-3.494	0.002	-0.839	0.543
X_5	-0.105	0.285	-0.112	-4.368	0.000	-0.762	0.552
X_6	0.045	0.254	0.045	5.175	0.000	-0.542	0.631
X_7	-0.155	0.435	-0.142	-4.356	0.001	-1.158	0.848
X_8	0.207	0.401	0.175	5.518	0.000	-0.716	1.131
X_9	0.247	0.360	0.242	4.686	0.001	-0.584	1.078
X_{10}	0.186	0.419	0.162	5.445	0.000	-0.780	1.153
X_{11}	0.177	0.336	0.157	4.528	0.001	-0.597	0.952

①外生变量影响

对咸宁高新区民营企业人才流失影响因素中有8个变量为外生变量，

分别为变量 $X_1 \sim X_8$。根据表 6 - 7 中的参数值可知，这 8 个变量的显著性水平均小于 0.05，因此都具有显著性。从影响方向来看，其中有 6 个变量为负向影响，2 个变量为正向影响，具体表现如下。

对人才流失影响最大的为工资水平（X_1），影响系数为 - 0.685，对员工的离职意向产生负向影响。也就是说，在咸宁高新区民营企业中，影响员工离职的最重要因素为工资待遇：工资待遇越高，则员工离职的意向越低；工资待遇越低，则员工离职的意向越高。

对人才流失影响占第二位的是工作环境（X_2），该变量对离职意向的影响系数为 - 0.322，为负向影响。也就是说，在咸宁高新区民营企业中，影响员工离职的次要因素为工作环境，工作环境越好，则离职意向越低。

对人才流失影响占第三位的变量是机会成本（X_8），影响系数为 0.207，对员工离职意向产生正向影响。这意味着咸宁高新区民营企业员工在考虑离职的时候非常看重是否能很快找到新的工作。如果员工认为离职后找到更好工作的机会成本更高，那么他们一般会对离职保持谨慎的态度。

对人才流失影响占第四位的是绩效考核（X_3），影响系数大小为 - 0.185，为负向影响。也就是说，在咸宁高新区民营企业中，员工对企业绩效考核的标准、方式和是否公平等方面也非常关注。如果企业绩效考核机制越规范，并且标准越科学，则员工离职的意向就越低，企业的人才就不容易流失。

对人才流失影响占第五位的因素为人际关系（X_7），影响系数为 - 0.155，对离职意愿的影响为负向的。这表明在咸宁高新区民营企业中，如果企业的领导与员工之间的交流较为顺畅，同时企业能够在职工之间创建良好的人际关系的氛围，可以一定程度上降低员工离职的意愿，降低人才流失比例。

对人才流失影响占第六位的因素为员工培训（X_4），影响系数为 - 0.148，对员工离职意向产生负向影响。这表明在咸宁高新区民营企业中，企业的培训系统以及企业为职工进行的职业规划也会对员工的离职意愿产生较为重要的影响。如果企业有较为完善的培训系统，能够经常进行职业培训，并能够给职工制定较为合理的职业规划，员工的离职意愿就会减弱，从而人才队伍比较稳定。

在咸宁高新区民营企业调查中，职业认同（X_5）对离职意向的影响占第七位，影响系数为 -0.105，影响力不是很明显，也为负向影响。这表明在这些企业中，即使员工对自己的工作或者职位较为满意，同时家人和朋友也对其工作表示认可，但是如果其他条件得不到满足，员工也有可能产生离职意向。

在所有的外生变量中，对离职意向影响力最小的因素为示范效应（X_6），影响系数为 0.045，为正向影响因素。该系数表明，在咸宁高新区民营企业中，员工是否有离职意向尽管也会受到他人的影响，即如果一个员工有同事离职可能会导致其产生离职的想法，但是这种影响较为微弱。

②内生变量影响

在咸宁高新区民营企业人才流失影响因素中，有 3 个变量为内生变量，分别为变量 X_9、X_{10} 和 X_{11}。根据表 6-7 中的数据可知，这 3 个变量的显著性都小于 0.05，因此都满足显著性要求。从影响方向来看，这 3 个变量对结果变量产生的都是正向影响。

在 3 个内生变量中，行为态度（X_9）对员工的离职意向影响最大，影响系数为 0.247，且为正向影响。该变量是员工对自身工作状态的一种判别，如果员工认为目前的工作达不到自己的预期，并认为离职的选择会更佳，则该值越大，员工离职的可能性越高。

主观认知（X_{10}）也是一个内生变量，对员工的离职意向也产生显著的正向影响，影响系数为 0.186。该变量表明，在员工对是否离职的判别过程中，除了员工本人以外，相关人员的主观认知也会对员工的离职行为产生影响，如果员工的家人朋友或者对其影响力较大的人认为员工应当离职，则员工离职的可能性增大。

行为认知（X_{11}）对员工的离职意向产生显著的正向影响，影响系数为 0.177。员工离职除了受自身和其他人的主观认知影响外，还会受到行为认知的影响。如果员工在实际工作中与同事处理不好关系，或者在工作中受到的各类限制较多，也会影响员工的认知，从而导致员工产生离职的意向。

6.2.3 咸宁高新区人才流失对策

（1）增强薪酬的激励作用

根据前面的分析可知，影响咸宁高新区民营企业人才流失最重要的因素为工资待遇，因此，为了避免人才大量流失，需要努力提高各级人才的薪酬待遇，同时需要建立更合理的薪酬制度，充分发挥薪酬对人才的激励作用。

首先，要保持人才薪酬的外部竞争性，也就是要争取高新区民营企业达到或者超过同行业薪酬的平均水平，通过提升薪酬来提高竞争力水平，这也是阻止人才外流的最重要的方法。为此，除了积极增加资金投入，还需要尽量提高生产效率和管理效率，降低劳动成本，为员工的薪酬提升提供保障。

其次，是优化薪酬结构，形成对人才的有效激励，从而留住人才。改变过于简单的薪酬结构，结合公平性和竞争性的要求，设计更加多样化的薪酬结构体系，形成经济性薪酬、非经济性薪酬、直接薪酬和间接薪酬等多种类型薪酬组成的有机整体。其中：经济性薪酬又包含直接薪酬和间接薪酬，直接薪酬包括基本工资、绩效工资、奖金、津补贴以及股权等，间接薪酬包括医疗和社会保险、员工的各种福利等；非经济性薪酬包括人才的发展机会、相关荣誉以及相应的培训等。

最后，在优化薪资结构的基础上，应当制定合理的薪资策略，以达成最优的薪资激励功能。例如，要弄清各个工作岗位需要实际工作投入的程度，使薪酬水平的分配能够与人才的实际贡献相匹配；合理拉开薪酬水平的档次，以体现不同层次人才的价值，形成良性的竞争态势；及时了解人才市场行情，为灵活制定相关薪酬政策提供支持。

（2）创造良好的工作环境

良好的工作环境不仅能够使员工保持轻松舒适的心情，从而提高工作效率，增强企业的核心竞争力；同时，先进的设备和设施也能够减轻员工的工作强度，更好地保护员工的身体健康，这是保证企业正常运营的基础；此外，完善的配套生活设施可以解决员工的后顾之忧，是激发员工生产积极性的助推剂。因此，对于咸宁高新区民营企业而言，良好的工作环境是留住人才的重要因素之一。

创造良好的工作环境，首先，需要对企业各个部门的工作场所进行合理的规划与布局，在保证生产需要的同时，最大限度地保持各部分的整洁与美观，使相应的工厂、车间和办公室等场所在大小、光线、通风以及噪声方面保持最优的状态。在此基础上，重视工作环境的保持和维护，如工厂及其周边的绿化、卫生保持等。

其次，要想方设法提高生产和办公设备的自动化水平。自动化水平提高了不仅可以改善工作强度，也可以改善工作场所的物理环境，还可以促进员工积极主动学习以满足生产设备操作的需要，这几个方面都可以增强企业的核心竞争力。建立完善的配套设施也是企业提高员工待遇、留住人才的重要举措，如优美整洁的绿化、完备的休闲娱乐设施、环境优美的餐厅以及图书馆和运动场所等，都对员工有极大的吸引力。

最后，工作环境还应该包括相应的人文环境，如良好的人际关系、健康积极的竞争以及通畅的上下级交流等，这些都是良好工作环境的重要组成部分。

（3）建立科学的考核制度

对员工的考核是企业对员工工作达成度的评判，也是给员工发放劳动报酬的依据，同时还是促进和激励员工自我提升的重要举措。因此，考核制度是否科学会对人才工作积极性产生重要的影响，也是影响员工去留的重要因素。

首先，要建立完善科学的考核指标及打分标准。完善就是要从考核的各个角度和层面来建立指标，如员工对企业规章制度的遵守、员工业绩、员工工作态度、工作能力等，而不仅仅是某一个方面的指标；科学就是要根据行业的生产特点和企业的发展现状来制定指标，注意指标的可达成度，避免不切实际的空话套话。在制定各个指标的得分标准时，应当注意各个指标的权重大小以及分值分配的合理性，各个等级之间应当有一定的区分度。

其次，要注意考核制度执行过程中的公平性与人性化。为了保证考核的公平，除了需要对考核队伍进行认真的甄别选取外，还需要对其行为进行规范，也就是通过制定具体的规则对考核执行过程进行规范，这往往是在考核过程中被忽视的环节。当然，在进行打分的过程中还应当考虑员工的一些特殊情况，有的需要做人性化处理。

（4）重视人才职业培训

企业对人才进行职业培训和职业规划是企业人力管理的要求，该措施可以提高企业员工的专业技术水平，提高企业生产效率与外部竞争力，增强企业的凝聚力量和员工的归属感，为员工确定明确的发展方向。特别是对咸宁高新区相关企业而言，由于大多数企业生产工艺较为复杂，更需要重视职业培训，如果培训工作不落实，员工不能很好地完成本职工作，就会影响工作效率和人才的市场竞争力。

重视人才职业培训的首要措施是结合企业人才的现状、企业生产技术及管理要求，建立完善的培训体系，制订详尽可行的培训方案，在培训中特别要重视培训的评估与反馈。在培训评估过程中，不仅要对被培训员工的知识、技能以及行为态度等方面进行全面的评估，以激发员工的学习积极性，提高培训效率，同时也需要对培训讲师进行评估，促使培训讲师更加投入，达到更优的培训效果。在培训进行中和培训结束后，要进行及时的培训反馈，培训讲师应当将员工的培训结果反馈给企业管理部门，同时被培训员工也应当对培训讲师的优缺点进行反馈，便于相关管理部门及时沟通，并对培训方案进行动态调整，以达到更好的效果。

根据企业人才的特点，帮助员工制定符合其发展的职业规划也是企业人力资源管理部门应当完成的工作。进入咸宁高新区民营企业的员工，不仅希望有较稳定的工作，也希望将来的发展能符合自己的预期，希望企业能为自己提供较好的发展平台，以实现自身价值。因此，企业应当按照员工个性化的需求制定人才发展规划，激发人才的工作积极性，形成员工之间良性的竞争环境，以保持人才的稳定性。

（5）形成健康的企业文化

企业文化是企业的灵魂和发展的动力，它包含了企业理念和核心价值观以及企业的形象标志等。健康的企业文化包括企业良好的社会形象、符合社会整体规范的价值观、具有示范作用的优秀员工典范、各种企业活动以及员工之间积极正向的交流与合作等。健康的企业文化不仅可以使人才保持积极向上的工作态度和生活态度，也有利于吸引员工加入企业建设中来，减少人才流失的发生。

对于咸宁高新区的民营企业来说，企业文化建设首先可以从构建企业精神入手，根据企业的生产特点和经营优势，帮助员工了解企业的经济和社会价值，从而唤起员工对企业的认同感，增强企业的凝聚力；在此基础上，鼓励员工参与创建名牌产品，形成顾客和产品至上的经营理念，增强企业的竞争力；建立和谐的人际关系，加强人才之间的团结协作，充分发挥集体的优势；形成以人为本的企业氛围，鼓励员工积极参与企业管理，积极为企业的发展提供建议。

企业的文化建设还需要优化企业的形象设计。能体现企业最核心的竞争力的就是企业的产品和服务，因此需要在产品和服务的类别、款式以及包装等方面形成自己的特色；同时，以电视、网络或报纸等方式，加强对企业优秀员工以及产品和服务的对外宣传，以扩大企业的影响力，形成企业对外的良好的社会形象。

6.3 咸宁高新区民营企业人才留任意愿分析

6.3.1 人才留任意愿

类似于人才流失的探索与分析，企业在制定人才管理措施的过程中必须要了解人才留任意愿情况，也需要对企业的人才留任意愿进行分析。关于留任意愿的含义，Tett 等人（1993）认为留任意愿是指员工在经过多方面的权衡后希望保持现有工作单位和岗位的趋向或行为。这一定义也得到大多数学者的认同。

目前国内外对企业员工留任意愿的研究大多针对留任意愿的影响因素开展，如 Sheridan（1992）研究了企业文化与员工留任意愿之间的关系，

Iverson 等（1994）研究了组织承诺、工作的安全感以及工作的危害性与员工留任意愿的关系。国内学者也有关于人才留任意愿影响因素的研究，相关影响因素有企业的激励措施，包括员工的薪酬、福利、职务晋升、职业培训、参与企业决策、企业和同事的认同与奖励等；员工的个人特征，包括员工的性别、年龄、工作年限、学历水平以及婚姻状况等；一些企业外部环境，如可能存在的其他工作机会，也是影响人才留任意愿的重要因素（程慧芳，2019）。

一般来说，人们认为留任意愿与离职倾向是同一事物的两个方面，认为留任意愿就是离职倾向的反面。也就是说，如果员工留任意愿较强，则其离职意愿较弱，一般不离职；反之，若员工留任意愿较弱，则其离职意愿较强，离职的可能性较大。因此很多学者将留任意愿当作离职倾向的反面来研究。当然，也有学者认为，完全用离职倾向的反面来表示留任意愿也不合适，认为对于员工的留任更重要的是要激发员工对企业的认同（柯孔县，2007）；也有观点认为，离职倾向与留任意愿的影响因素并不一定完全是相同的，因而同一因素对二者的影响及程度并不完全是对立关系（孙红伟，2013）；也有实证研究表明，员工离职倾向与留任意愿之间并不是完全的负相关，相比减弱员工的离职倾向，增强员工的留任意愿效果更佳（刘宁超，2011）。

本章前面部分对咸宁高新区民营企业的人才流失状况进行了研究，分析了员工离职倾向的影响因素。为了从多个角度对高新区民营企业的人才流动情况进行更深入的分析和探讨，这里选取企业员工的个人特征作为影响员工留任意愿的因素进行分析，采用定量分析方法来剖析人才留任意愿的影响因素。

6.3.2　数据与方法

6.3.2.1　指标与数据

针对咸宁高新区民营企业人才管理的需求，本研究从人才的个人特征角度来分析人才留任意愿与反映人才个人特征诸要素之间的关系，结合对相关文献的分析，这里主要选取的变量如表6-8所示。

表6-8 反映人才个人特征的变量

变量	特征及计算
性别	性别是反映人才个人特征的基本要素，对人才的留任意愿会产生一定影响，该变量为二分类变量，取值为1和0，1表示男性，0表示女性
年龄	年龄也是构成人才个人特征的基本要素，也会对人才留任意愿产生重要的影响，该变量为连续变量，以员工的实际年龄来确定该值
受教育程度	受教育程度反映了人才的基础能力状况，是一个分类变量，其值用1~5这5个数值表示，其中1表示高中及以下，2表示专科，3表示本科，4表示硕士，5表示博士
婚姻状况	婚姻状况反映了员工的生活稳定状态，对员工的工作流动意愿会产生一定的影响，该变量为二分类变量，取值为1和0，1表示已婚，0表示未婚
子女状况	子女状况反映了员工的家庭成员结构，对员工的就业意向也会产生重要影响，尽管目前也存在二孩现象，但这里还是只考虑是否有小孩两种情况，因此该变量是一个二分类变量，如果有小孩变量值为1，否则为0
工作年限	工作年限是员工在企业工作的时间长短，可以反映员工在企业中的一种资历，该变量为数值变量，以年为单位
职务	职务表明员工在企业中的地位，该变量是一个分类变量，根据员工职位的高低，从低到高分别赋值1、2、3、4
籍贯	籍贯主要用来表示员工家庭住址与企业是否在同一地，是一个二分类变量，如果员工家庭住址在咸宁市，则取值为1，否则为0。该变量可能会影响员工的留任意愿
通勤时间	通勤时间为员工每天上下班共花费的时间，该变量为一个连续变量，以员工的实际通勤时间为变量的值，单位为小时
性格特征	性格特征对留任意愿也会产生影响，这里将性格特征对离职意愿的影响作为一个分类变量，如果员工性格比较活跃不安于现状，则其留任意愿也低，此类员工性格特征赋最小值1；反之，如果员工比较内敛且安于现状，则其留任意愿较高，此类员工性格特征赋最大值4；处于这两种类型之间的员工赋值2或3

根据表 6 - 8 中的变量设计调查问卷，对相关员工的个人特征变量进行赋值，同时获取其留任意愿，留任意愿取值为 1 和 0，分别表示愿意留任和不愿意留任两种选择。

6.3.2.2　研究方法

由于这里研究的是离职意愿与员工个人特征变量之间的关系，而离职意愿的值为 1 和 0，是一个二分类变量，同时个人特征变量中的性别、婚姻状况和籍贯也为二分类变量，因此这里采用 logistic 回归方法来进行分析。

（1）模型原理

logistic 回归是一种广义的线性回归，是为了解决因变量为二分类变量而发展出来的一种非线性回归方法。如果一个因变量为二分类变量，在多个自变量中也包含二分类变量，通常采用多元 logistic 回归模型进行分析。

对于二分类因变量，如果事件发生（取值为 1）的概率为 p，则事件不发生（取值为 0）的概率为 $1-p$，相关的自变量为 x_1，x_2，$\cdots$，x_m，则回归方程为：

$$\ln\left(\frac{p}{1-p}\right) = b_0 + b_1 x_1 + b_2 x_2 + \cdots + b_m x_m \qquad 式（6-5）$$

其中，参数 b_0，b_1，b_2，$\cdots$，b_m 为回归系数。

由于回归系数 b_0，b_1，b_2，$\cdots$，b_m 是以事件发生比 $p/(1-p)$ 的自然对数为因变量的线性回归系数，则每个系数的以 e 为底数的指数即为该自变量对应的优势比 OR（odds ratio），其计算公式为：

$$OR_j = \exp(b_j) \quad j = 0,1,\cdots,m \qquad 式（6-6）$$

在 logistic 模型中，回归系数 b_0，b_1，b_2，$\cdots$，b_m 表示当相关自变量发生一个单位的变化时，引起因变量变化的大小。这种变化可以通过优势比 OR 进行解释：

当 $b_j > 0$ 且具有统计显著性，表明其他变量保持不变时，OR 随着自变量的增加而增大；当 $b_j < 0$ 且具有统计显著性，说明其他变量保持不变时，OR 随着自变量的增加而减小。

（2）模型检验

对于 logistic 回归，其拟合优度的检验可以采用多种方法，如皮尔森卡方检验、偏差检验、似然比检验以及 Homsmer – Lemeshow（HL）检验等，其中皮尔森卡方检验和偏差检验适用于分类变量或者协变量类型数据较少的情形。如果在回归分析中自变量较多且含有连续型变量，则通常使用 Homsmer – Lemeshow 检验，计算其 HL 指标值后，如果 HL 值不显著，则表明该方程拟合较好；反之，如果 HL 值显著，则说明方程拟合不好（王济川 等，2001）。

除了拟合优度检验和显著性检验之外，还需要对模型中的变量进行统计学检验，就是检验其回归系数是否为 0，常用的方法有似然比检验、Wald 检验和比分检验。其中，对于方程内的单个自变量的检验，采用 Wald 统计量来进行计算，该统计量用于评价每个自变量对因变量的解释程度，计算式为：

$$W = \frac{b}{S_b} \qquad\qquad 式（6-7）$$

其中，S_b 为系数 b 的标准误差。

W 的临界值可取标准正态分布的临界值，且 W 遵循自由度为 1 的卡方分布。回归系数 b 的 95% 置信区间为 $(b-1.96S_b,\ b+1.96S_b)$，而优势比 OR 的 95% 置信区间为 $(exp\ (b-1.96S_b),\ exp\ (b+1.96S_b))$。

6.3.3　结果与分析

对咸宁高新区民营企业人才留任意愿调查问卷中获取的数据进行整理，并采用 SPSS 软件中的二元 logistic 回归工具进行计算。由于自变量的个数较多，且有连续型自变量，因此回归方程的拟合优度采用 Homsmer – Lemeshow 检验，HL 指标的值为 12.355，其显著性水平为 0.189，因此该回归方程的拟合较好。回归模型的各个变量的回归系数及显著性水平等指标计算结果如表 6-9 所示。

表 6-9　留任意愿 logistic 回归模型相关系数

	B	$S.E.$	$Wald$	df	$Sig.$	$Exp\ (B)$
性别**	-1.152	0.154	7.465	1	0.006	0.316
年龄*	0.830	0.195	4.267	1	0.039	2.293

续表

	B	S. E.	Wald	df	Sig.	Exp（B）
婚姻状况*	1.168	0.591	3.905	1	0.043	3.214
教育程度	-1.741	1.202	2.097	1	0.148	0.175
工作年限	0.598	0.288	2.072	1	0.151	1.818
职务	-0.399	0.349	1.144	1	0.286	0.671
子女状况**	0.860	0.117	7.321	1	0.004	2.363
籍贯	1.015	1.695	0.358	1	0.549	2.759
通勤时间	-1.500	1.366	1.206	1	0.272	0.223
性格特征*	-1.598	0.812	3.879	1	0.049	0.202
常量	8.628	7.928	2.658	1	0.103	5 584.697

说明：*表示显著性水平小于0.05，**表示显著性水平小于0.01，***表示显著性水平小于0.001。

（1）变量及其参数分析

根据表6-9中的计算结果，可以对咸宁高新区民营企业人才留任意愿的各个影响变量的特征进行分析。

①性别

性别对留任意愿产生影响的显著性水平为0.006，满足小于0.01的要求，说明该变量的影响显著，回归系数为-1.152，优势比为0.316，说明男性员工的留任意愿比女性员工的留任意愿要低68.4%。

②年龄

年龄对留任意愿产生影响的显著性水平为0.039，满足小于0.05的显著性要求，说明该变量的影响也较为显著，回归系数为0.830，优势比为2.293，说明年龄对留任意愿的影响较为明显，由于计算中员工年龄按照10年进行分级，意味着员工每增长10岁，他们的留任意愿的比例即增长1.293倍或者129.3%。

③婚姻状况

婚姻状况的显著性水平为0.043，小于0.05，说明该变量对留任意愿的影响较为显著，该变量回归系数为1.168，优势比为3.214，说明婚姻状况对员工的留任意愿产生正向影响，也就是说相对于未婚员工，已婚员工的留任意向要高221.4%。

④受教育程度

从回归系数来看，受教育程度的回归系数为 - 1.741，优势比为0.175，表明员工的受教育程度每增加一个等级，其留任意愿就降低82.5%，但是从显著性水平来看，该值没有达到小于0.05的最低要求，因此显著性不明显。

⑤工作年限

工作年限的回归系数为0.598，优势比为1.818，表明员工的工作年限每增加1年，其留任意愿会增长81.8%，但是该变量的显著性水平为0.151，没有达到最低的显著性要求，因此显著性不明显。

⑥职务

员工的职务对于留任意愿的回归系数为 - 0.399，优势比为0.671，表明员工的职务每增加一个等级，其留任意愿会减少32.9%，也就是说职务越高的员工其留任意愿越低，但是该变量的显著性水平为0.286，表明这种关系的显著性不明显。

⑦子女状况

子女状况的回归系数为0.860，优势比为2.363，表明有子女的员工比没有子女的员工的留任意愿要高1.363倍，即136.3%，同时该变量的显著性水平为0.004，表明该变量对留任意愿的影响显著。

⑧籍贯

籍贯的回归系数为1.015，优势比为2.759，表明如果一个员工的家庭住址就在咸宁市，则该员工的留任意愿比那些家庭住址不在咸宁市的员工的留任意愿要高175.9%，但是该变量显著性水平为0.549，因此这一结论在本次样本分析中不可靠。

⑨通勤时间

通勤时间的回归系数为 - 1.500，优势比为0.223，由于通勤时间是一个连续型变量，该系数表明员工的通勤时间每增加1个小时，则其留任意愿会减少77.7%，也就是说通勤时间会对留任意愿产生负向影响，但是该变量的显著性水平为 0.272，没有达到显著性最低要求，因此该特征并不显著。

⑩性格特征

性格特征的回归系数为 -1.598，优势比为 0.202，表明员工的性格特征也会对其留任意愿产生影响。也就是说，如果按照 4 个等级对员工性格的外向型特征进行分级，这一特征每增加一个等级，则员工的留任意愿会减少 79.8%，根据其显著性水平为 0.049 可知，该变量的影响较为显著。

（2）结果分析

根据以上分析可知，基于员工个人特征的角度，影响咸宁高新区民营企业人才留任意愿的变量可以分为两种类型，第一类是满足显著性要求的变量，分别是性别、年龄、婚姻状况、子女状况和性格特征。这 5 个变量中有 3 个是二分类变量、1 个分类变量和 1 个连续型变量；第二类是不满足显著性水平的变量，分别是受教育程度、工作年限、职务、籍贯和通勤时间，其中有 1 个二分类变量、2 个分类变量和 2 个连续性变量。

①显著性变量

影响咸宁高新区民营企业人才留任意愿的 5 个显著性变量分别为性别、年龄、婚姻状况、子女状况和性格特征。在性别、婚姻状况和子女状况这 3 个二分类变量中，员工的婚姻状况对其留任意愿的影响最大，其次是子女状况，最后是性别特征。随着员工年龄的增长，其留任意愿越来越明显；同时，如果员工性格属于内向型且比较安于现状，则其留任意愿也较明显。

这 5 个显著性变量更多地体现了员工个体的自然属性，因为其对留任意愿的影响比较显著或者说比较确定，因此一般来说企业难以对其产生影响。

②不显著变量

对咸宁高新区民营企业员工留任意愿产生不显著影响的 5 个变量为受教育程度、工作年限、职务、籍贯和通勤时间。从影响力大小来看，工作年限的数值越是增大，员工的留任意愿就越强，而通勤时间越长员工的留任意愿越会减少；员工职务和受教育程度都是分类变量，它们都对员工的留任意愿产生负向影响，也就是说等级越高其留任意愿越低，相对来说受教育程度对员工留任意愿降低的影响更大；员工家庭住址是否在咸宁也可能会对职工离职产生较为明显的影响。

由于这5个变量更多地体现了员工个体的社会属性，但其对留任意愿的影响不确定，因此企业可以通过相应的措施来提高员工的留任意愿，如通过一定的政策鼓励员工在咸宁安家，或者通过相关措施减少员工的通勤时间等。

6.4　本章小结

本章从人才留任意愿和人才流失两个方面研究了咸宁高新区民营企业人才流动的机制，概述了人才流动的含义、类型、特点以及研究内容，并在此基础上对咸宁高新区民营企业人才流失的现状及特点进行了总结。

本章采用路径分析方法对咸宁高新区民营企业人才的流失原因进行了研究。通过对影响高新区民营企业人才流失的因素进行分析，结合相关研究成果确定了指标体系，根据指标体系中各变量之间的关系，建立了路径分析中的回归方程系列。通过问卷方法获取各个变量的数值，采用SPSS中的相关工具进行参数计算，根据计算结果分析了各个变量对人才流失产生的影响方向及大小，并在此基础上提出了防止高新区民营企业人才流失的对策。

基于人才个人特征的角度，采用logistic回归模型对咸宁高新区民营企业的人才留任意愿进行了研究。建立了反映人才个人特征的指标体系，并根据已有问卷信息获取的相关数据，以及因变量的数据类型特征，建立了logistic回归模型。采用SPSS软件中的相应分析工具对回归模型中的相关参数进行了计算，根据计算结果对各变量的影响及其大小进行了分析，并根据显著性变量和不显著变量的特征提出了相应策略。

本章参考文献

［1］詹晖. 吉林省科技人才流动影响因素及作用机制研究［D］. 长春：东北师范大学，2017.

［2］周海锋，娄佳. "双一流"建设背景下高校高层次人才流动原因与机制探索［J］. 北京邮电大学学报：社会科学版，2020，22（1）：98－105.

［3］王舜淋，张向前. 基于复杂系统理论的知识型人才流动与产业集群发展动力机制研究［J］. 科技管理研究，2017（24）：186－192.

［4］张敏，韩晶. 基于可变资本理论的中小企业人才流失问题分析［J］. 改革与战略，2020，36（11）：78－85.

［5］杜伟. 基于生态位的企业高层次人才流动影响因素研究［D］. 大连：大连理工大学，2018.

［6］陈相. 基于政策红利的区域创新型人才流动机制研究［J］. 人才与创新，2020，4（5）：46－51.

［7］陈峥，李函颖. 美国、日本高端人才流动国际化机制研究［J］. 高教发展与评估，2019，35（3）：57－73.

［8］金明. 民营企业人才流失成因及对策研究：以杭州华东医药公司为例［D］. 武汉：湖北工业大学，2019.

［9］原新，刘旭阳，赵玮. 青年流动人才城市选择的影响因素：基于不同规模城市的比较研究［J］. 人口学刊，2021，43（2）：48－60.

［10］张华. 人才国际化背景下创新创业人才流动机制研究：以江苏实践为例［J］. 科技管理研究，2013（16）：124－127.

［11］孙博，刘善仕，葛淳棉，等. 社会网络嵌入视角下人才流动对企业战略柔性的影响研究［J］. 管理学报，2020，17（12）：1760－1768.

［12］王欣. 天津市滨海新区人才流动政策机制研究［D］. 天津：天津大学，2012.

［13］芦慧，陈红，龙如银. 雾霾围城：双通道视角下的感知对人才流动倾向的影响机制［J］. 经济管理，2018（11）：104－122.

［14］卢青，万喆，石明. 以人才振兴推动乡村振兴发展：基于人才流动理论的研究综述［J］. 社会科学动态，2021（3）：64－70.

［15］梁小昌. 银岭产业园企业人才流失问题研究［D］. 乌鲁木齐：新疆大

学，2019.

［16］李岩，王仁卫，刘丹. 邮政企业创新人才流动机制的思考［J］. 邮政研究，2019，35（4）：43 – 44.

［17］李帅. 战略转型期的人才流动管理机制研究：以晋江电信为例［D］. 泉州：华侨大学，2010.

［18］柳瑛，薛新龙，苏丽锋. 中国高端人才布局与流动特征研究：以长江学者特聘教授为例［J］. 中国科技论坛，2021（2）：100 – 108.

［19］TETT R P，MEYER J P. Job Satisfaction，Organizational Commitment，Turnover Intention，and Turnover：Path Analysis Based on Meta – analytic Findings［J］. Personnel Psychology，1993，46：259 – 293.

［20］SHERIDAN J E. Organizational Culture and Employee Retention［J］. Academy of Management Journal，1992，35：1036 – 1056.

［21］IVERSON R D，ROY P. A Causal Model of Behavioral Commitment：Evidence from a Study of Australian Blue – collar Employees［J］. Journal of Management，1994，20（1）：15 – 41.

［22］程慧芳. 激励制度对文化传媒企业员工留任意愿影响研究：以 C 企业为例［D］. 武汉：华中师范大学，2019.

［23］柯孔县. 薪酬公正、组织支持感对核心员工留任的影响研究［D］. 杭州：浙江大学，2007.

［24］孙红伟. 人力资源实践对并购双方员工留任意愿的影响［D］. 上海：华东理工大学，2013.

［25］刘宁超. 组织支持感对知识型员工离职倾向和留任意愿的影响研究［D］. 淄博：山东理工大学，2011.

［26］王济川，郭志刚. Logistic 回归模型：方法与应用［M］. 北京：高等教育出版社，2001.

7 咸宁高新区民营企业人才政策评价

7.1 人才政策及人才政策的主要分析方法

7.1.1 人才政策的基本含义

所谓人才政策是指为了刺激人才能力、人才功能的全面发挥而制定的一系列政策法规，它是政府在人才培养、开发和利用方面所采用的具体措施。人才政策的本质是政府作为主体对人才引进和管理的一种手段，其最终目的是实现区域内人才资源规模总量、人才素质以及人才使用效率的不断提升。我国人才政策的分类有多种形式，根据政策制定的主体可以分为党的人才政策和政府的人才政策两类，根据政策的适用范围可分为全国性与地区性政策两类，依据政策的内容可以分为人才引进、人才培养、人才流动、人才激励政策等。

7.1.2 人才政策的主要分析方法

人才政策是公共政策的一个组成部分。公共政策本质上是一种有关公共问题的解决方案，属于政治科学的领域。公共政策的分析方法有系统分析法、矛盾分析方法、历史分析法、比较分析法、个案研究法、经济分析法和制度分析法等。其中，系统分析法是对公共政策系统进行环境分析、结构分析和目标分析；矛盾分析方法是明确主要矛盾和次要矛盾之间的关系；历史分析法是分析政策产生的历史条件和前后政策之间的联系；比较分析法是在分类的基础上可以对政策进行对比比较；个案分析法是通过访

— 160 —

谈、文献、观察等方法进行个案研究；经济分析法是运用现代经济学中的市场理论进行分析。

本章对咸宁高新区人才政策的分析方法主要是制度分析法，即将政策文本中分散的信息进行综合归纳，对人才政策进行系统提炼，使这些政策尽可能简明扼要。

值得说明的是，一项人才政策除了制定时间、发文机关和政策种类外，往往不是排他性的，如一份政策文件从适用对象角度来说，可以是院士、专家等高层次人才，也可能是专业技术人才。

7.2 咸宁高新区民营企业主要人才政策统计分析

7.2.1 人才政策发文级别统计

人才政策除了各级政府和机构发布的专项文件外，还有很多其他规划、文件等涉及人才支撑体系，同时公共政策有适用区域大小的特征。因此笔者重点收集了2006—2020年咸宁高新区、咸宁市委、市政府及其直属机关发布的各类人才政策。此外，也关注了国家、湖北省政府及直属机关发布的人才政策。通过湖北省人民政府网、咸宁市人民政府网、咸宁高新区官方网、咸宁各直属机构网站、咸宁市专业技术人才服务网、咸宁市人才交流中心收集到各类与人才有关的政策178份，按照发文级别如表7-1所示。

表7-1 咸宁高新区人才政策发文级别统计表

机构及级别		2006—2010年	2011—2015年	2016—2020年	小计	合计
国家级	国务院	3	5	3	11	42
	各部委	6	8	11	25	
	其他	2	1	3	6	

续表

机构及级别		2006—2010 年	2011—2015 年	2016—2020 年	小计	合计
湖北省级	省委省政府	3	6	12	21	88
	省直各机关	9	21	29	59	
	其他	2	3	3	8	
咸宁市级	市委市政府	2	4	3	9	38
	市直机关	5	11	9	25	
	其他	1	1	2	4	
高新区级	高新区管委会	1	3	6	10	10
总计		34	63	81		178

7.2.2 人才政策时间统计

人才政策数量随时间的变化，可以反映区域对人才工作的重视程度，将收集的与咸宁高新区有关的 2006—2016 年的 178 份人才政策，按时间序列进行数量统计，并绘制数量趋势变化图（如图 7-1 所示）。从图 7-1 可以看出，由于我国实施的五年规划制度，2006 年、2010 年、2016 年都是每个五年规划实施的第一个年份，所以与人才有关的规划、计划、政策相对比较多，这一点在咸宁市（含高新区）的政策数量变化上体现得更为明显。而自我国在 2014 年提出"大众创业、万众创新"方针以来，2016—2017 年与创业创新有关的人才政策增加更为明显。

7.2.3 人才政策适用对象统计

除去部分普遍适用的人才政策外，不同的人才政策可能有不同的适用对象，这反映了当地政府在某一段时间为了特定人才而进行的努力。特定对象又可以分成多种类型，本研究按照当地工作习惯，将人才政策分为针对院士、专家、博士和硕士等高层次人才，针对特定专业和特定领域的技术人才及针对特定年龄的大学生与青年人才，见表 7-2。自 2015 年以后，我国高校毕业人数大幅增加，而各大城市为了"扩容"需要发动了轰轰烈烈的"抢人"大战，所以 2016 年以后针对大学生就业创业的政策明显增多。

— 162 —

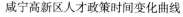

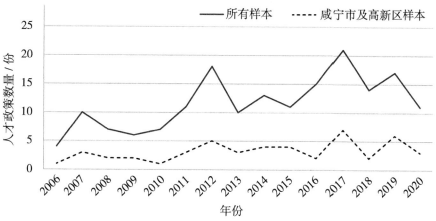

图7-1 咸宁高新区适用人才政策年份统计

表7-2 咸宁高新区人才政策适用对象分类统计

政策时间	所有对象适用文件数	特定对象适用文件数		
		院士、专家、博士等高层次人才	特定专业技术人才	大学生与青年人才
2006—2010 年	12	10	27	5
2011—2015 年	21	25	26	11
2016—2020 年	25	38	24	32
小计	58	73	77	48

7.2.4 人才政策种类统计

与普通公共政策一样，我国人才政策按照文件的适用约束程度，可以分为规划、计划、规定、通知、办法、方案、措施和意见几个类型。一般来说，办法、方案、措施这几个类型的文件规范性和约束性相对较弱，但是这些文件往往具有很强的指导性和可操作性，而规划、计划、规定、意见、通知的规范性和约束性相对较强。将咸宁高新区人才政策按照种类进行划分，结果如表7-3所示。

表7-3 咸宁高新区人才政策种类统计表

文件种类	2006—2010 年	2011—2015 年	2016—2020 年	小计
规划	5	9	11	25
计划	1	1	2	4
规定	2	5	8	15
通知	7	13	19	39
方案	2	3	8	13
办法	8	14	9	31
措施	3	5	8	16
意见	6	13	16	35
合计	34	63	81	178

7.2.5 人才政策内容统计

人才工作按照工作程序大致可以分为"引、育、用、留",人才政策基本上也是围绕这四个内容展开,不同的政策可能是强调其中的一个或几个程序,而人才规划类的文件则涉及所有程序。综合来看,人才政策按照工作内容可以分为人才激励、人才引进、人才培养、人才考评、人才选拔、人才流动、人才基地建设等几个类型。表7-4是对178个人才政策按照工作内容进行的分类统计,从中可以看出人才激励、人才引进是各地人才工作的重中之重。

表7-4 咸宁高新区人才政策按内容分类统计表

政策内容	2006—2010 年	2011—2015 年	2016—2020 年	小计
人才激励	28	37	42	107
人才引进	12	20	21	53
人才培养	8	14	18	40
人才考评	5	12	14	31
人才选拔	4	9	6	19
人才流动	2	4	1	7
人才基地建设		2	4	6

7.3 咸宁高新区民营企业主要人才激励政策分析

人才激励政策占据本研究统计人才政策样本一半以上，是人才政策的主要部分。人才政策的根本目标是通过政策激励各类人才发挥积极性，国家、省市及咸宁高新区针对人才激励制定了资金、税收、产业发展、创新创业等多方面的政策内容。

7.3.1 资金激励政策

资金激励是人才政策最直接的激励政策，咸宁高新区涉及各类人才的资金激励政策共有 37 份，其中国家级政策文件有国家发改委、国家科技部、国家财政部等部门发布的《国家企业技术中心认定管理办法》《科技型中小企业技术创新基金项目管理暂行办法》《电子信息产业发展基金管理办法》等 10 份，湖北省级政策文件有湖北省人民政府、湖北省科技厅、湖北省教育厅发布的《湖北省促进科技成果转移转化行动方案》《促进科技成果转化实施细则》等 17 份，咸宁市级政策文件有咸宁市人民政府、咸宁市科技局等单位发布的《咸宁市关于"大学生引进计划"的实施意见》《咸宁市市级科技计划项目和资金管理办法》等 7 份，咸宁高新区有《咸宁高新区关于打造科技资源支撑型特色载体推动中小企业创新创业升级资金管理办法》等文件 3 份。

7.3.2 税收优惠政策

税收是国家取得财政收入的重要工具，涉及咸宁人才激励政策的税收优惠政策主要是国家财政部、国家税务总局等单位从费用扣除、收入计量等角度进行激励。本研究收集到国家财政部、国家税务总局、国家科技部等部门发布的《财政部国家税务总局关于居民企业技术转让有关企业所得税政策问题的通知》《关于贯彻落实〈中共中央国务院关于加强技术创新，发展高科技，实现产业化的决定〉有关税收问题的通知》等文件 5 份。

7.3.3 产业发展政策

人才是产业创新的核心资源，为了实现产业创新，国家、省市及咸宁高新区出台了多项政策和文件。咸宁高新区的智能装备制造、电子信息、新能源新材料、生物医药、食品饮料五大支柱产业，都有与人才建设有关的政策文件。其中扶持战略性新兴产业人才的文件有《湖北省科技厅关于深入推进创新型产业集群发展若干措施的通知》《咸宁市推进重点产业高质量发展实施方案》等 5 份；扶持智能装备产业人才的文件有《信息化和工业化深度融合专项行动计划（2013—2018）》《湖北省智能制造装备"十三五"发展规划》等文件 6 份；扶持生物医药产业人才的文件有《关于组织实施生物医药合同研发和生产服务平台建设专项的通知》《湖北省推进中药产业振兴发展五年行动方案（2018—2022 年）》《咸宁市人民政府关于加快推动大健康产业发展的若干意见》等文件 8 份；扶持电子信息产业人才的文件有《关于软件和集成电路产业企业所得税优惠政策有关问题的通知》《湖北省"万企上云"工程工作方案（2018—2020 年)》等文件 4 份；扶持新能源新材料产业人才的文件有《国家中长期新材料人才发展规划（2010—2020 年)》《湖北省新材料产业发展行动计划》等文件 4 份；扶持食品饮料产业人才的文件有《关于促进食品工业健康发展的指导意见》《关于促进创业创新服务食品医药产业发展的意见》等文件 6 份。

值得说明的是，虽然这五大产业是咸宁高新区乃至整个咸宁市的重点产业，但是目前还没有收集到咸宁市、咸宁高新区两个层次与这些产业有关的专项文件，更不用说与人才激励有关的文件，这与武汉东湖高新区、苏州高新区等国内重点高新区相差甚远。

7.3.4 创业创新扶持政策

鼓励创新创业是人才内部保留机制的重要举措之一，李克强总理在 2014 年 9 月夏季达沃斯论坛上指出："要在 960 万平方公里土地上，掀起'大众创业''草根创业'的新浪潮，形成'万众创新''人人创新'的新势态。"此后创新创业成为各级政府重点工作，相应地支持各类人才创新创业的文件也日渐丰富。本研究共收集到涉及人才创业创新政策 58 份,其中国家级文件有国务院、财政部、国家税务总局等部门发布的《国务院关于加快构建大众创业万众创新支撑平台的指导意见》《国务院办公厅关于发展众创空间推进大众创新创业的指导意见》《关于支持和促进重点群体创业就业税收政策有关问题的补充通知》等文件 15 份,湖北省有湖北省人社厅、财政厅、科技厅等发布的《湖北省引智创新示范基地管理办法》《关于开展湖北省大学生创业孵化示范基地资金补贴审核工作的通知》《湖北省科技企业孵化器认定和管理办法》等文件 22 份,咸宁市有咸宁市人民政府、咸宁市人社局等部门发布的《市人民政府关于实施香城创业三年计划(2018—2020 年)《市人民政府关于印发咸宁市创新创业先锋行动计划(2016—2020 年)的通知》《咸宁市关于"大学生引进计划"的实施意见》等文件 9 份,咸宁高新区有《咸宁高新区支持大学生创新创业实施细则》《关于印发咸宁高新区对外开放发展黄金十条的通知》文件 2 份。

7.4　基于语义网络分析的咸宁高新区民营企业人才政策评价

7.4.1　数据挖掘与语义数据分析方法

7.4.1.1　语义数据与数据挖掘

数据挖掘是一种与计算机科学有关的信息处理过程,它是指从海量数据中通过统计分析、在线分析处理、情报检索、模式识别、机器学习等多种方法,搜索隐藏于原有数据中的有用信息的过程。

语义数据简单来说是指语言所蕴含的数据。语义可简单看成是数据所对应的现实世界中的事物所代表的概念的含义,以及这些含义之间的关系。

伴随着大数据处理技术的深入,以及中文信息处理技术的快速发展,中文语义数据挖掘和信息检索也都朝着智能化的方向继续发展。数据挖掘技术与互联网紧密结合，产生了被称为 Web 挖掘技术的新分支。而语义网的出现，为数据挖掘的发展提供了又一个新的平台，即在数据挖掘中引入语义，能获取更多的有用信息。

7.4.1.2 中文语义文本社会网络分析的主要步骤

人才政策的语义网络分析方法主要有以下几个步骤：

文本预处理：一般而言，文件文本绝大部分是直接从网上获得的，还有一些是通过纸质文件数字化以后获得的。这些文本数据格式千差万别，有的文件有附件，有的文件没有附件；有的人才文件发文对象是单个的，有的是多个的，如招聘公告和结果的告知文件；有的批次是多个结果，有的是单个的。这样，就造就了文件文本的大量充分，所以为了让数据能够应用，需要对文本数据进行预处理。现在有许多软件可以进行文本处理，本研究借助工具 ROST CM6（ROST Content Mining System 6.0）进行，这款软件可以进行文本去重的工作，操作简单、效果很好，但是注意要事先将待处理的文件转成 TXT 文件。

文本分词：在对文件文本进行分析之前，最重要的一步是对数据进行相应的分词处理。分词质量好坏，将会影响后面的评价分析是否准确。在英语中一般来说，一个句子是由单个单词加上空格组成的，所以单词是英语语言中的最小成句单位，并且每个单词表达的含义是明确的。而中文语句是许多字连接而成的，字是中文的最小单位，每个词都是由字组成的，词不是语句的最基本单元。所以。目前国内语义数据挖掘已经开发出一些优秀的中文分词软件和工具，其中 Python 软件中的"jieba"工具对文本进行分词的效果较好，在业内应用较广泛。

词频分析：哈佛大学的齐夫在词频统计领域做了一项开创性的工作，提出了齐夫定律，即词的频次和它在频率表里的排名相乘是一个常数。根据齐夫定律，政策文件的语言文字内容虽然复杂，但是有规律可循，人才政策文件中经常出现的高频词语，一方面是由这些政策文件的语言风格决定的，另一方面这些高频词反复出现的次数，也代表了它们的重要性，因此对词频或者字频进行统计，有其特定意义。

社会网络分析：是由社会学家根据图论等方法发展起来的研究社会关系的一种定量分析方法，近年来广泛应用在职业流动、网络评价、国际贸易等领域，并发挥了重要作用。人才政策的社会网络分析可以通过网络拓扑图形式，反映各个关键词之间的关联关系。社会网络分析有可达性分析、中心性分析、角色分析等。

可视化词云图分析：对各种文件文本内容进行识别，提取出高频关键词后，可以利用各种软件在线生成可视化的词云，也可以直接输入关键词及对应的词频，生成词云图。在词云图中，处于中间位置的是最主要的关键词，而每个词的颜色和字体大小，往往反映了这个词的词频高低或重要性。

7.4.1.3 中文社会网络分析应用领域

社会网络分析作为一种新型的数据挖掘方式，广泛应用于社会科学的各个方面，表 7-5 是社会网络分析近年来的主要应用范围。

表 7-5 社会网络分析在社会科学中的主要应用方向举例

	应用范围	具体领域	代表者
1	网络舆情与网络评价	在网站上收集舆情文本、网络评价文本，对文本进行情感分析、舆情事件流程分析	徐迪（2017），付希（2016），李青青（2016），张赟（2019）
2	人际关系	根据社会交往的过程文本，分析出各种特定人群的交往脉络	熊海琴（2020），朱伟浩（2016），张正民（2004）
3	经济活动	通过经济活动中双方的语言过程文本，分析经济活动的传播过程	付伟丽（2020），张燕玲（2020），赵晓媚（2019）
4	新闻与事件传播	通过各种媒体的报道文本，分析事件的传播方向	杨浩（2018），曹耀栋（2018）

7.4.2　咸宁高新区人才政策地位分析

咸宁高新区的日常工作内容繁多，各种工作的重要性也不一样，一般来说各种工作的推进往往以文件、公告、通知形式来开展。而通过分析这些文件、公告、通知等文本中有关人才政策的词语，可以判断人才工作在高新区所有工作中的地位与重要性。

7.4.2.1　样本收集与处理

作为咸宁市政府的派出机构，咸宁高新区每天都会根据工作内容，将其重要的文件、公告、通知在其官网上发布。反过来说，根据《中华人民共和国政府信息公开条例》，将政府工作的主要信息在网络上公开，也是其应尽的职责，对这些文件、通知进行分析，就可以得出其工作的主要内容。笔者在咸宁高新区官网的"政府信息公开"栏目中的"法定主动公开栏目"下的"通知公告"子栏目上收集了 2017—2020 年这 4 年的 318 个文件、公告、通知文本，将其作为本研究的基础数据。

为了甄别不同政府部门的不同工作效率，笔者还收集了武汉东湖高新区官网上，相同栏目、相同时间的 592 个文本，作为咸宁高新区政策分析的参照对象。

7.4.2.2　词频分析

将收集到的咸宁高新区 318 个文本按照 ROST CM6 要求制成统一格式文本以后，进行预处理，剔除重复语句，再经过分词处理，保存单独的分词后的文件，再对分词后的文件进行词频分析，得出咸宁高新区政府"通知公告"栏目中前 300 名的高频词，且这前 300 个高频词的平均词频为293.3，标准差为 13.28。表 7-6 显示的是前 36 位高频词以及与人才工作、扶贫、疫情等近两年政府工作重点相关的高频词的词频与排序。

从表 7-6 可以看出高新区政府作为咸宁市人民政府的派出机构，以发展经济为主要目的，对高新区内的经济、行政和社会事务进行管理。因此体现其服务对象的"单位""企业"，以及体现其工作内容的"项目""建设"等都是高频词。近年来"扶贫""疫情""肺炎"也成为工作重要内容。而与人才政策有关的词汇中，"人员"排名最高，但严格来说，"人员"属于人力资源范畴，范围较广，与人才政策还有差别。而"招聘""岗位""考生""考试""聘用""学历""人才""用人""研究生""引进""应聘""毕业生"等与人才有关的词汇都进入了前300名，其中"招聘"排名37，说明咸宁总体上对人才工作还是十分重视的。但是，从人才工作的"引、育、用、留"四个层面来说，这些词汇都是"引"才方面的，与其他人才工作相关的内容较少，这一点在后面与武汉东湖高新区的对比中更为明显。

表7-6　咸宁高新区主要政府文件的高频词统计

名称	词频	排序	名称	词频	排序	名称	词频	排序	名称	词频	排序
高新区	656	1	管理	281	14	高新技术	174	27	疫情	97	71
咸宁	653	2	工程	278	15	支出	170	28	扶贫	94	78
单位	512	3	问题	275	16	开发区	164	29	考试	75	99
企业	429	4	部门	219	17	时间	163	30	聘用	68	115
项目	398	5	公开	211	18	索引	160	31	肺炎	62	138
建设	358	6	湖北	203	19	有效性	160	32	学历	50	159
咸宁市	338	7	政府	196	20	审批	159	33	人才	49	167
环境	329	8	分类	193	21	意见	159	34	用人	44	192
公示	327	9	有效	192	22	服务	158	35	研究生	41	213
发文	321	10	公告	192	23	资格	158	36	引进	32	254
规划	318	11	信用	182	24	招聘	157	37	应聘	32	254
人员	303	12	面试	177	25	岗位	147	41	毕业生	32	254
有限公司	297	13	垃圾	176	26	考生	117	55			

为了区分人才工作在高新区政府不同年份中的重要性的变化，本研究按照时间顺序对318份文件进行了区分，2017—2020年分别是70份、75份、83份、90份。经过分词后，上述与人才政策有关的高频词的词频与排序在4年中的变化分别如图7-2和图7-3所示。

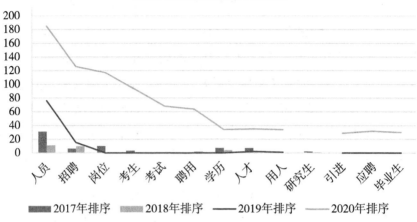

图 7-2　主要高频词 2017—2020 年词频变化

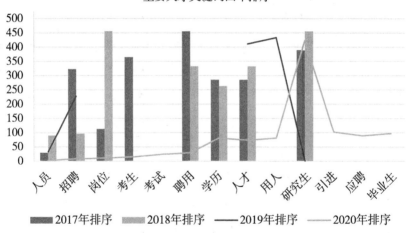

图 7-3　主要高频词 2017—2020 年排序变化

从图 7-2 和图 7-3 可以看出，尽管各高频词在 4 年中的词频数和词频排序数变化很大，但 2017—2020 年中各主要关键词的排名总体上有上升趋势，特别是随着咸宁市"招硕引博"工程、"大学生引进计划"等人才工程实施以后，与人才引进有关的工作地位明显上升，到了 2020 年人员"招聘""岗位""考生""考试""聘用"等词汇排名进入前 30 名，而"人才""毕业生""研究生"等词汇进入了前 100 名。

7.4.2.3 社会网络分析与可视化

将经过 ROST CM6 处理过的分词文本导入 Python 软件包，可以得到咸宁高新区高频词汇的社会网络分析图（见图 7－4），将获得的高频词词频文件导入软件可以得到词云的可视化图（见图 7－5）。

园区
招聘
通知
政务
资格
管委会
人员
政府
企业
咸宁市
部门
主管
根据
公开
施工
项目
高新区
单位
规定
建设
建筑
管理
分类
发文
工程
咸宁
许可证
公告
开发区
有效性
高新技术
国家
公示
有效
咨询
有限公司
湖北
规划
环境
科技
承诺书
审批
评价
公众
意见
影响

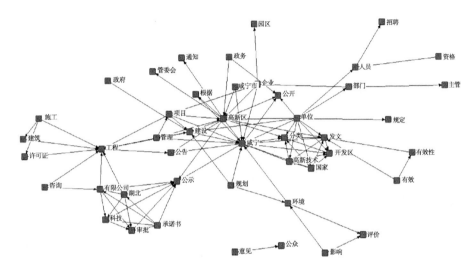

图 7－4 咸宁高新区高频词汇社会网络分析

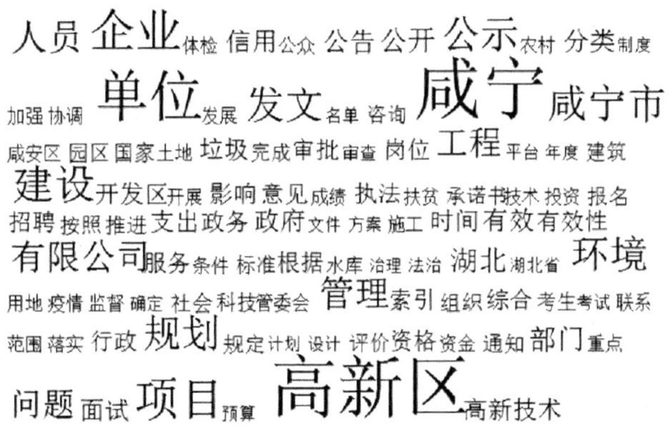

人员 企业 体检 信用 公众 公告 公开 公示 农村 分类 制度
加强 协调 单位 发展 发文 名单 咨询 咸宁 咸宁市
咸安区 园区 国家 土地 垃圾 完成 审批 审查 岗位 工程 平台 年度 建筑
建设 开发区 开展 影响 意见 成绩 执法 扶贫 承诺书 技术 投资 报名
招聘 按照 推进 支出 政务 政府 文件 方案 施工 时间 有效 有效性
有限公司 服务 条件 标准 根据 水库 治理 法治 湖北 湖北省 环境
用地 疫情 监督 确定 社会 科技 管委会 管理 索引 组织 综合 考生 考试 联系
范围 落实 行政 规划 规定 计划 设计 评价 资格 资金 通知 部门 重点
问题 面试 项目 预算 高新区 高新技术

图 7－5 咸宁高新区高频词汇词云

从图 7－4 可以看出，处于中心地位的是“咸宁市”“高新区”等核心词汇，而与这些核心词汇相连的是“企业”“单位”“管理”“公示”等次中心词汇，说明咸宁高新区的工作还是以上级政府的行政服务功能为主，而与人才政策有关的"人员""人才""招聘"等词汇还达不到网络中心或次中心地位，这也说明总体上人才政策还不是高新区的核心工作。同时与发达地区网络分析图相比，这些高频词的"点密度"还很低，表示这些词所代表的工作之间的联系不是特别紧密。

从图7-5可以看出，字体较大的"高新区""咸宁""企业"与"单位"等仍然是高新区的工作重点，而"人员""岗位"等与"企业""单位"之间的共词矩阵距离较远，相反与"咸宁"等词汇距离较近，说明咸宁高新区的人才政策文件以咸宁市的普适性文件为主，与所服务的"企业""单位"之间的联系还有待加强。

7.4.2.4 咸宁高新区与武汉东湖高新区的比较分析

将从武汉高新区官网上"政府信息公开"栏目、"通知公告"子栏目里收集到的2017—2020年这4年的592个通知、公告等文件，按照之前的文本预处理、分词处理之后，导入ROST CM6可以计算出高频词及其词频数。总共收集到2 918个词汇，平均词频为7.92，方差为16.78，从中选出前300个高频词作为研究对象，平均词频为87.6，方差为8.91。其中前20名，以及与人才有关的高频词的词频与排序如表7-7所示。

表7-7 东湖高新区"通知""公告"栏目主要高频词及其排序

名称	词频	排序	名称	词频	排序	名称	词频	排序
企业	3 734	1	创新	830	11	人才	405	27
申报	2 544	2	发展	794	12	人员	350	36
东湖	1 575	3	服务	714	13	创业	339	38
技术	1 260	4	武汉	689	14	知识	296	48
高新区	1 215	5	补贴	654	15	学习	194	87
项目	1 214	6	附件	639	16	专利	152	112
材料	1 098	7	开发区	602	17	培训	128	136
单位	1 094	8	年度	531	18	专家	126	141
科技	954	9	管理	525	19	落户	72	223
通知	855	10	工业	521	20	招聘	48	286

对比表7-7和表7-6可以看出：

除去由于两个高新区的名称差别所产生的高频词差别以外，两个高新区都有"企业""项目""单位""创新""科技"这些高频词，并且其排序大致相当，说明两个高新区在工作内容、工作性质、工作重点上差别不大。

对比与人才政策有关的高频词汇可以有以下发现。首先，"人员""人才"都是高频词，并且位置相当，说明两个高新区在人才政策上都具有普适性。其次，在咸宁高新区的人才政策中，"毕业生"词频较高，而武汉东湖高新区中词频较高的则是"专家"，说明二者关注的层次有差别，显然东湖高新区级别要高得多。最后，在"引、育、用、留"四个人才工作层面上，前文已经分析得出咸宁高新区大部分的工作重点是在人才引进上，而从武汉东湖高新区的"培训""学习""创业""落户""专利"等词汇可以看出，后者在"引、育、用、留"四个层面上相对比较均衡，因此对人才的吸引力也就越大。

与此同时，将东湖高新区高频词社会网络分析图（见图7-6）与咸宁高新区高频词社会网络分析图（见图7-4）进行比较，可以发现前者虽然在中心度、次中心度方面与后者没有本质区别，但是在网络点密度上要高得多。

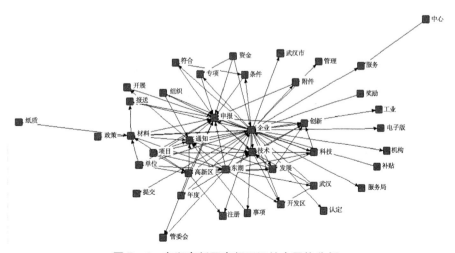

图7-6 东湖高新区高频词汇社会网络分析

7.4.3 咸宁高新区人才政策语义数据分析

将人才政策文件置于所有政府文件视角，只是为了评价人才工作在咸宁高新区政府工作中的重要性。为了深入分析咸宁高新区人才工作本身的重心和工作效率，需要对人才政策进行文本分析。

7.4.3.1 样本收集与分类

除去之前收集到的咸宁市、咸宁高新区两级政府出台的 48 份文件以外，笔者还整理了咸宁高新区政府网站"人事信息"栏目，以及咸宁市人力资源和社会保障局网站"通知""公告"中与高新区有关的公告、通知等文件 184 份，总共合计 232 份文本，按照"引""育""用""留"四大版块进行分类，结果如表 7 – 8 所示。

表 7 – 8　咸宁高新区人才政策样本分类

	"引"	"育"	"用"	"留"	合计
样本数/份	121	13	58	40	232
占比/（%）	52. 16	5. 6	25	17. 24	100

通过表 7 – 8 可以看出，咸宁人才政策工作侧重于人才引进工作，其次是人才的任用，而人才培育和留用工作相关的通知、公告文件较少。在人才引进工作上，近年来咸宁市出台的"招硕引博"工程文件占据文本数量的近四成，其次是大学生、公务员以及各类专业技术人员的招考文件。在人才的任用方面，除去人事任免外，大多以职称评聘、荣誉评选为主。在人才留用方面则是以待遇奖励为主，创业激励较少。而人才的培育则更少，除去一些电商培训、大学生实习实训基地建设以外，咸宁市、咸宁高新区出台的大量关于农民工和普通人力资源的扶贫培训则不在本次研究范围之内。

7.4.3.2 词频分析

将收集到的 232 份咸宁高新区人才政策以及人事通知、公告进行文本预处理和分层处理后，在 ROST CM6 软件中计算出高频词和词频数，删除"咸宁""高新区"这些地名性词汇以后，主要高频词如图 7-7 所示。吴佳（2020）运用开源软件 Wordij 3.0 软件，分析了苏州高新区人才政策的高频词，其主要高频词和词频数排序如图 7-8 所示。

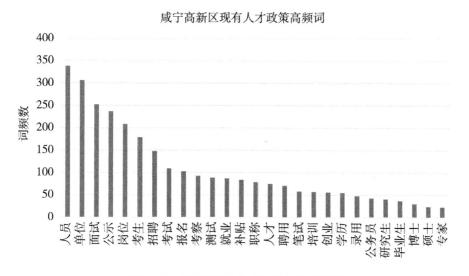

图 7-7　咸宁高新区人才政策中的高频词

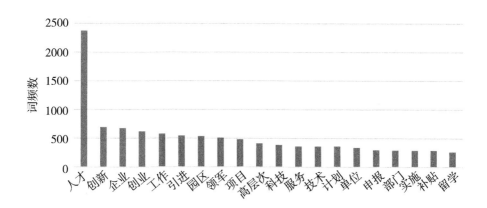

图 7-8　苏州高新区人才政策中的高频词

对比图7-7和图7-8可以看出：

首先，从政策主体上看，两个高新区同时关注"单位"或者"企业"、"人员"或者"人才"这些人才政策主体，在这一点上二者基本相同。但是苏州高新区显然更关心"企业"，而咸宁高新区更关心"单位"，这些词汇的差别一方面是由于沿海内陆文化不同而对服务对象的称呼有所差别造成的，另一方面也说明咸宁高新区的人才政策更具有普适性，民营企业显然不具备突出地位。

其次，从政策目标上看，咸宁高新区更强调"招聘""考试""考生"这些工作，即更注重引才工作。虽然苏州高新区也把引才工作置于"引、育、用、留"四个方面之首，但是在引才工作的基础上，对"创新""创业""投资"这些留才措施和"补贴""资助"这些激励措施更重视。

再次，从关注对象上看，苏州高新区更强调"高层次"人才、"创新"人才、"领军"人才、"留学生"等海外人才和紧缺人才，而咸宁高新区除了"招硕引博"工程以外很少关注高层次人才，更强调"公务员""毕业生""博士""硕士""研究生"，而对"专家"型高层次人才关注力度不大。

最后，咸宁高新区除去"补贴"以外，人才政策工具的方式不多。

7.4.3.3 社会网络分析

将分词后文件经过ROST CM6社会网络分析以后，可以得到咸宁高新区人才政策社会网络分析图（见图7-9），对比图7-9和苏州高新区人才政策社会网络分析图（见图7-10），可以看出处于网络中心地位的、反映两个开发区的人才工作重点存在明显差别。与苏州高新区相比，咸宁高新区关注的重点是"单位"而非"企业"，是"人员"而非"人才"。同时咸宁高新区有"规定""公示"这些常规性工作，而苏州高新区更强调"创新""科技""服务"。

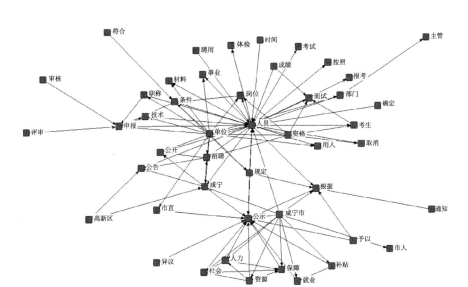

图 7-9　咸宁高新区人才政策社会网络分析

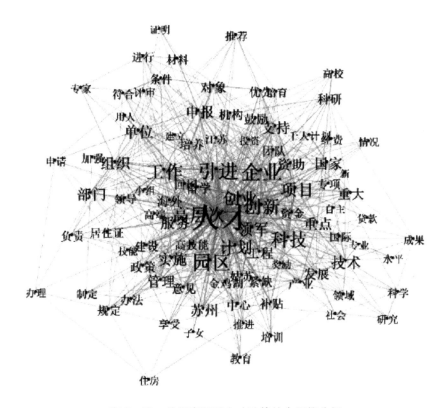

图 7-10　苏州高新区人才政策社会网络分析

7.5 本章小结

本章全面梳理了咸宁高新区涉及民营企业的人才政策，对这些文件从制定的时间、文件种类、文件的内容、适用的范围、适用的对象各方面进行了区分，并在此基础上重点分析了人才政策的激励手段。本章的创新之处是首次运用语义数据挖掘工具，对咸宁高新区的人才政策（含通知、公告）进行了定量分析，从而揭示咸宁高新区人才工作的重点和工作效率。通过分析可以发现，咸宁高新区人才工作的绝大部分重心放在人才的引进上，而与武汉东湖高新区和苏州高新区相比，在人才层次、人才工作面的丰富性、人才政策工具上都存在不足。

本章参考文献

［1］吴佳. 科技人才政策对产业集群创新能力的作用研究：以苏州工业园区为例［D］. 合肥：安徽科技大学，2020.

［2］Sheng Long Wang. Research on Talent Policy Changes in Contemporary China［J］. Open Journal of Business and Management，2017，5（3）：12 – 17.

［3］丁向阳. 我国人才政策法规体系研究［J］. 中国人才，2003，10（10）：47 – 50.

［4］刘媛，吴凤兵. 江苏三大区域科技创新人才政策比较研究［J］. 科技管理研究，2012，32（1）：72 – 75.

［5］张再生，牛晓东. 基于 DEA 模型的人才政策绩效评价研究：以天津市人才政策文件为例［J］. 管理现代化，2015，35（3）：73 – 75.

［6］翟晓华. 中文信息的语义数据挖掘技术研究［D］. 长沙：湖南大学，2008.

［7］马荣丽，赵亮. 开发区及其管委会性质辨析［J］. 经济研究导刊，2018，36（1）：89 – 90.

［8］金瑞君. 包头市人才政策效果与企业发展耦合协调研究［D］. 包头：内蒙古科技大学，2016.

［9］MARTIN R，SUNLEY P. Deconstructing Clusters：Chaotic Concept or Policy Panacea [J]. Journal of Economic Geography, 2003 (3): 87 – 93.

[10] 苑吉洋, 王玉梅, 李宁. 农业产业集群网络化创新能力评价指标体系建构与应用研究 [J]. 青岛科技大学学报: 社会科学版, 2016, 32 (1): 112 – 114.

[11] 纪娇娇, 申帆, 黄晟鹏, 等. 基于语义网络分析的微信公众平台转基因议题研究 [J]. 科普研究, 2015, 10 (2): 356 – 357.

[12] 陈红喜, 姜春, 袁瑜, 等. 基于新巴斯德象限的新型研发机构科技成果转移转化模式研究: 以江苏省产业技术研究院为例 [J]. 科技进步与对策, 2018, 35 (11): 234 – 236.

[13] 商丽媛, 韩子睿, 张雯, 等. 巴斯德象限视角下的创新型省份建设: 以江苏省为例 [J]. 中国科技论坛, 2019 (10): 118 – 123.

[14] WANG M T, ECCLES J S, KENNY S. Not Lack of Ability But More Choice: Individual and Gender Differences in Choice of Careers in Science, Technology, Engineering, and Mathematics [J]. Psychological Science, 2013, 24 (5): 89 – 96.

[15] 黄情. 基于文本挖掘的网络舆情分析应用研究 [D]. 大连: 大连海事大学, 2016.

8 咸宁高新区民营企业
人才管理机制优化建议

高新区人才引力是多种因素共同作用的结果，人才机制也应当从建设目标、建设内容、具体措施等几个角度进行优化。

8.1 目标优化建议

新时代背景下，咸宁高新区人才工作应当以完善人才工作体制机制、创新人才工作方式方法、强化人才工作保障水平为机制，激发各类人才创新创造活力，不断提高人才工作科学化水平，打造四大示范基地。

8.1.1 人才驱动产业创新发展示范基地

深入实施咸宁市委、市政府提出的人才优先发展战略，以高端产业技术创新平台和创新创业孵化载体建设为依托，坚持把引领创新驱动作为人才优先发展的着力点，围绕咸宁市"武咸同城、市区引领、两带驱动、全域推进"发展战略以及咸宁高新区经济社会发展需求，围绕重点产业技术创新、企业管理、中介服务等经济社会发展需求，将人才创新资源作为推动咸宁高新区经济社会转型的核心战略要素，加快构建人才驱动产业创新发展机制，以"人才红利"增强高新区产业创新发展的内生动力，以培育经济增长新动力、拓展产业发展新空间、构建产业新体系为产业创新战略目标，构建以人才为引领的产业发展创新体系，争做全国高新区人才驱动产业创新发展示范基地。

8.1.2 创业孵化带动产业发展示范基地

进一步加大对光谷南科技城科技企业孵化器、启迪之星（咸宁）、津晶城科技孵化器的投入力度，力争5年内有一家科技孵化器被国家科技部认定为国家级高新技术创业服务中心。围绕特色主导产业，建设智能装备制造、电子信息、新能源新材料、生物医药、食品饮料等专业公共技术服务平台，逐步实现由"一器多区"向"一园多器"的转化。

坚持充分发挥咸宁高新区在咸宁市甚至鄂南地区的创业主战场和主阵地作用，在突出人才质量和人才效益的前提下，推动创新创业要素向高新区聚集，大力扶持高层次科技人才创业项目产业化、规模化。紧紧围绕高新区五大主导产业的转型发展需求，加大与知名企业和创投机构合作，把咸宁高新区人才创业经济培育为咸宁市经济发展新的增长极。

8.1.3 高新区高水平人才集聚示范基地

以"大众创业、万众创新"为引领，依托现有孵化器和众创空间等平台，扶持普通高校在校生和毕业5年内的高校毕业生等草根群体创客，培育青年创业生力军。加快引进高端创业人才，特别是掌握关键核心技术和拥有自主知识产权、具有良好产业化潜力和市场前景的留学归国的青年人才，扶持他们带项目、带技术、带团队、带资金在高新区创业。在咸宁高新区现有企业中，遴选出一批有高成长性、经营业绩突出的企业家，进而培育出一批对整个咸宁市产业转型升级起到引领示范作用的科技型企业家。集聚一批具有国际视野和战略眼光、有望推动关键核心技术实现重大突破的科技顶尖人才，将咸宁高新区建设成鄂南地区高水平人才集聚示范基地。

8.1.4 人才管理制度体系创新示范基地

坚持以用为本，创新人才引进方式，积极开展柔性引才，"不求所有，但求所用"，充分调动各类人才干事创业的积极性、主动性和创造性，加速构建更积极、更开放、更有效的人才集聚体系。坚持特事特办，提升人才工作保障水平，对于高层次人才，实行"一事一议、一人一策、特事特办"，用物质待遇和事业发展空间引才留才，用精神激励干事创业，构建统分结合、上下联动、协调高效的人才发展治理体系，将咸宁高新区打造成我国高新区中人才管理制度体系创新示范基地。

8.2 内容优化建议

8.2.1 实施引才工程

加大刚性引才力度，结合咸宁高新区经济社会发展需求，每年编制发布"急需紧缺人才专业目录"，按目录引才。注重与省市主管部门对接，主动加强与各大院校的交流合作，与知名高校签订用人协议，每年定向引进产业发展、企业管理、中介服务等方面的紧缺型高层次人才。每年向全国重点高校咸宁籍毕业生提供一定数量的就业岗位、创业扶持政策，吸引优秀高校毕业生回乡就业创业。编制发布《咸宁高新区中长期人才发展规划》和《咸宁高新区中长期人才需求目录》，在国家"百千万人才工程"以及咸宁市委"招硕引博""南鄂英才计划"基础上，向武汉东湖高新区、苏州高新区学习，制订符合自身特色的人才规划和重点人才引进工程。

8.2.2 实施育才工程

每年年初各企业、高新区管委会各直属部门统一申报人才培训计划，由开发区人才办和用人单位共同商定，分类别、分批次、有针对性地选派中高级专业技术人才、企业经营管理人才集中培训。选派高级职称人才到"985"类对口院校培训不少于3个月，中级职称人才到"211"类及以上对口院校培训不少于2个月。根据不同层级、不同类型人才的需求，每年有计划、分批次安排30名优秀年轻大学生创业者赴沿海发达地区学习。鼓励优秀年轻创业者和企业中层管理人员脱产进修。组建专家服务团，每年开展现场教学、技术咨询、科研攻关等不低于 4 场次的学术交流活动，促进中青年专业技术人才梯队成长。

8.2.3　实施用才工程

树立企业正确用人观念，构建科学用人机制，大力建设人才工作站。一是在五大主导产业、现代服务业等部门建设人才工作站，全面搭建科研合作、项目开发和人才技术交流合作平台，推进校地、企地合作落地落实。二是以工作站为枢纽，围绕乡村振兴、产业升级等重点工作，定期征集各行业领域人才项目需求清单和高校、科研院所供给清单，及时召开联席会议，会商确定校地、企地合作项目，由项目责任单位牵头与校方合作实施，实行项目化运作。三是推动人才培育，通过驻高新区专家团队与本地专业人才在一线开展课题项目的交流合作，有效带动本地各行业专业人才素质能力的提升，进而整体提升本地各类人才的业务技能水平。

8.2.4　实施留才工程

积极学习泰州海陵"留才工程"先进经验，坚持部门联动，落实人才关爱机制，扮演好"人才丈母娘"角色，为各类人才提供优质、高效、便捷服务。完善高新区领导直接联系服务专家人才工作机制，定期或不定期开展走访、调研，密切思想联系，加强感情交流，帮助解决实际问题。落实人才学习考察、健康体检制度，每两年组织 1 次全区各级拔尖人才、学科带头人轮流外出学习考察和健康体检。对来高新区创业就业的高层次人才，在住房保障、子女就学、配偶就业等方面提供便利，消除其后顾之忧。

8.3　措施优化建议

产业创新发展离不开良好的人才管理机制，咸宁高新区可以在以下四个机制上努力。

8.3.1 创新人才聚集机制

（1）鼓励柔性聚才用才

鼓励各用人企业运用产学研合作等"柔性引才"方式，灵活引才、用才、聚才。积极开展高新区"柔性引才"项目认定工作，对经认定为柔性引才引智的高新区内企事业单位，由高新区公共管理部门按项目投入，给予一定比例的资金奖励和荣誉认证。开展企业与高校、科研院所双选人才交流，一方面鼓励高校、科研院所等事业单位科研人员在履行所聘岗位职责的前提下，到企业兼职从事科技成果转化、技术攻关；另一方面对企业创新创业人才到高校、科研院所兼职予以支持。

（2）重视海外人才

加强海内外人才智力交流合作，努力克服在外籍人才培养和扶持方面的局限心理，鼓励开发区内龙头企业尝试建立海外人才离岸创新创业孵化区。在美国、欧洲、日韩等重点国家和地区建立海外人才联络点，实现海外引才工作常态化。建立咸宁高新区海外人才绿卡发放制度，加强海外高层次人才永久居留政策、子女入学政策、社会保障制度等的落实，简化外籍人才居留、入境流程。积极探索外籍人才消费减税政策、国际化的医疗保障制度，为外籍人才、归国海外人才提供全球互通式医疗保险，并在其个人购买时提供一定补贴，解决海外人才来咸宁高新区创业和工作的后顾之忧，吸引海外华裔人才来园区创新创业和工作。

（3）完善引才聚才体系

按照人才与资本协同引进的工作原则，建立并定期更新高新区"急需紧缺人才专业目录"，与高新区《产业开发导向目录》一起，在重点项目招商引资时候使用，实现招商引资和招才引智并举。坚持引进人才等同引进项目考核理念，按照招商引资项目考核方式，实现引才和引资在资源、政策上的互通共用。创新引才聚才方式，坚持人才荐才、机构带才与项目吸才、产业聚才等多种引才方式共同使用。出台相关聚才文件，对引才、荐才、举才、带才成功的单位或者个人，根据所推荐、引进的人才实际贡献给予物质或者荣誉奖励。

8.3.2　完善人才评价机制

（1）完善人才评价内容

坚持德才兼备，以品德、能力、业绩和贡献评价人才，克服唯学历、唯职称、唯资历、唯论文等倾向。积极推进人才分类评价工作，制定不同岗位、不同层次、不同类型的人才岗位职责规范，明确人才标准，建立符合岗位特点的人才评价机制。对于以政府为主导的人才项目，定期以投入产出率、成果转化率、带动就业率、税收贡献率等为主要指标，委托专业第三方人力资源评价组织，运用大数据技术，对人才项目发展绩效和市场价值开展过程中监测、完成后评估工作，对各类入选国家、省市、高新区各级别的人才计划的人才，开展期中和期末绩效评估。

（2）创新人才评价方式

探索建立科学化、社会化、市场化的人才评价制度，积极开展以薪酬、研发成果、从业经历、职位、职业资格等为评价标准的人才评价新办法。发挥政府、市场、专业组织和用人单位多元化评价主体作用，推广同行匿名网络评审与会议评审相结合的评价方式。充分依托知名风投公司、高新区行业龙头企业、咸宁市社会中介组织和省内专业运营团队等人才评价主体，根据不同行业领域，调整产业创新科技人才项目评价指标和各指标权重，不断完善创新创业人才的分类评价指标体系。

（3）改革职称评审制度

加大职称评定制度改革力度，将专利发明、技术创新、成果转化等产业创新评价指标作为重要指标，并加大权重。逐步提高职称参评者的科研成果取得的经济价值和社会价值门槛，设立海外高层次人才、重大项目人才职称评审的"绿色通道"，努力探索高层次人才、急需紧缺人才、社会贡献大人才的职称直聘办法。试点探索职称评审与职业资格互认的有效衔接。鼓励高新区内的国内、国际人才获取国内职业资格证书，推动咸宁高新区与密切联系的发达国家和地区实现职业资格互认，加大资格证书的互认范围、简化互认程序。加强高新区相关专业技术职称与国际通行职业资格证书、以及跨国公司、国际知名机构、国内大型企业等企业内部职级评价体系的有效对接。

8.3.3 强化人才激励机制

（1）改革薪酬分配方式

对经高新区管委会认证引进的高层次人才，用人单位可根据人才工作实绩和贡献，建立自主决定的绩效工资分配机制，可采用年薪制、协议工资制等方式支付，人才薪酬不受单位工资总额限制。鼓励高新区内各类企业开展新技术研究和新产品开发活动，并加大研发投入，规范企业研究开发费用加计扣除优惠政策的执行。加大企业技术创新财税扶持力度，在产品成本计算过程中，支持企业实际发生的技术开发费用，按照不受比例限制一并计入管理费用，并在缴纳企业所得税前予以扣除。充分利用国家级高新区有关股权激励，发挥高新技术企业在科研组织、研发投入和成果转化中的主导作用，以技术入股、股权奖励、股票期权等方式对高层次人才实施股权激励。

（2）加大创业扶持力度

对高新区认定的高层次人才设立科技发展资金，运用低息贷款、无偿资助等多种形式，对高层次人才创新创业进行扶持。建立专项创业基金，鼓励优秀人才创业干事，创业基金由高新区管委会领导小组审批拨付。放宽高新区创业型企业、小微企业的注册登记门槛，允许经认定的高层次人才可以以专利、标准等知识产权以及管理经验、研发技能、市场渠道等人力资本作价入股申办企业。除加大创业风险投资基金以外，引进国内著名风险投资公司，通过天使联投、风险补偿等机制，收益共享等多种形式、多种渠道加大创业基金资金投入，对天使投资人在股权转让、投资分红过程中产生的个人所得税制定优惠政策。

（3）建立领域人才项目研发资金

按照"个人申请、单位初审、领导小组审核"原则，对科研项目进行立项，配套相应资金。加大人才发展资金的投入，建立以用人单位投入为主体、政府投入为引领、社会投入为补充的多元化投入机制，力争使人才投入的增长速度不低于咸宁市的经济增长速度。以科技成果投资、对外转让、合作、作价入股等项目收益分成方式对高层次人才实施分红激励。

（4）落实人才评选和表彰奖励制度

加大"咸宁工匠""最美工程师"等具有咸宁高新区特色的人才表彰评选力度，授予相应的荣誉称号，并给予适当补贴，强化正向激励。每年定期组织评选推荐，积极推荐优秀人才参与省市有突出贡献专家、科技进步奖、学术带头人等奖项评选活动。加快人才安居工程建设进程，把人才安居问题作为人才安家立业的重点工作，促进人才居住条件和居住环境的不断改善。

8.3.4 落实人才供给机制

（1）鼓励人才共享流动

充分利用咸宁高新区毗邻武汉高校密集区的区位优势，努力打造国内新型"创业在园区、创新在高校"等模式的校企合作机制，引导武汉高校和科研院所与咸宁高新区民营企业共建科技成果转化合作基地。鼓励企业与高校着眼于学科资源与产业集群互动，采用订单培育模式，探索引进优质高等教育资源、合作与资源共享模式。以咸宁市人口政策为依据，积极探索户籍管理等制度改革，努力消除阻碍人才流动的制度、政策、机制，按照高层次人才、急需紧缺人才优先落户原则，努力创造条件，让人才在咸宁高新区、各民营企业、武汉毗邻高校和科研机构之间流动起来。

（2）支持人才培养提升

以咸宁高新区产业创新发展需求为导向，按照"普通员工人才化、一般人才高端化"的发展目标，充分结合高新区民营企业产业转型升级需求，努力提升辖区人才素质和产业创新建设能力，构建"人人能够成才"的人才培养开发机制。注重发挥咸宁高新区企事业单位在引才、育才、留才、用才过程中的主体作用，加大关键产业技术的产学研合作力度。在鼓励企业灵活引进培养人才的基础上，大力支持企业自主培养开发人才，特别是对于企业建设博士后工作站等行为给予资金和政策支持，把人才的培养工作融入到项目招商引资中去。在高新区民营企业中大力宣传、推进工学结合、产教融合、中外合作、校企合作等人才培养和提升模式，在企业内部倡导"双导师制""双元制"以及新型学徒制等职业教育培训。

（3）建设人才市场体系

按照"覆盖鄂南、瞄准国际"的建设目标，建设咸宁高新区人才市场体系。以咸宁人才网和咸宁人才市场为平台，在整合咸宁市内和毗邻高校、科研院所、企业的人才信息资源的基础上，开发覆盖整个鄂南地区的人才信息数据库，并逐步实现湖北省人才网和国家人才市场对接。积极引进中华英才、智联招聘等国家级以及纳杰招聘、湖北人力资源网等湖北省知名人力资源中介积极在咸宁高新区设立分支机构，或者在门户网站设立咸宁高新区专栏，并逐步吸引国内外知名的猎头、咨询、培训等专业化人力资源服务机构落户，打造湖北南部人力资源服务业密集区。

8.4　本章小结

本章旨在为咸宁高新区民营企业人才管理机制的优化提出建议，建议包含优化目标、优化内容、优化措施三个层面。其中优化目标是站在湖北省或者全国高新区角度，对咸宁高新区民营企业人才管理机制提出的战略目标，而优化内容和措施力图给出了咸宁高新区民营企业人才管理机制的建设路径。

本章参考文献

［1］朱明凤，肖逸民．咸宁高新区发展特色饮料产业的路径思考［J］．全国流通经济，2019（6）：83－84.

［2］陈进．咸宁高新区机电产业转型升级的路径研究［J］．现代商业，2019（9）：156－157.

［3］张西奎．产业集群人才集聚与人才引力实证研究［D］．武汉：华中师范大学，2006.

［4］PHILIP F K. The Political Economy of Local Labor Control on the Philippines［J］. Economic Geography, 2001, 77（1）：1－22.

［5］邢皓程．高新区高层次科技人才引进的影响因素与发展策略探讨：以常州高

新区为例［D］. 南京：南京理工大学，2017.

［6］汪磊. 人才新政背景下郑州市人才引进机制优化研究［D］. 贵阳：贵州大学，2019.

［7］刘洪银，田翠杰. 我国科技人才政策实施成效评估［M］. 北京：中国社会科学出版社，2017.

［8］陈宝龙，朱伟. 京津冀科技人才相关政策的比较研究［J］. 当代经济，2017（9）：32－34.

［9］李虔. 淄博高新区的人才集聚驱动机制研究［D］. 青岛：中国海洋大学，2010.

附　录

企业员工流失影响因素调查问卷

您好！感谢您抽出时间填写这份调查问卷。

此次调查问卷的目的是了解企业员工流失影响因素，请根据真实情况填写问卷。本问卷仅用于学术研究，采用不记名形式，绝对不会泄露您的个人信息，请放心填写！感谢您对此次调查的帮助与支持！

一、个人基本信息，请将所选选项填在括号内。

1. 性别：（　　　）

（1）男　　　　（2）女

2. 婚姻状况：（　　　）

（1）未婚　　　（2）已婚

3. 年龄：（　　　）

（1）25 岁以下　　（2）25 ~ 29 岁　　（3）30 ~ 34 岁　　（4）35 ~ 39 岁

（5）40 岁以上

4. 在现企业的工作年限：（　　　）

（1）1 年以下　　（2）1 ~ 4 年　　　（3）5 ~ 7 年　　　（4）8 年以上

5. 受教育程度：（　　　）

（1）高中或者中专　（2）专科　　（3）本科　　　（4）硕士

（5）博士及以上

6. 年薪水平：（　　　）

    （1）3 万元以下　　（2）3 万～5 万元　（3）5 万～7 万元

    （4）7 万～10 万元　（5）10 万元以上

7. 职位：（　　　）

    （1）基层员工　　　（2）部门主管　　　（3）企业高层

8. 所在公司规模：（　　　）

    （1）100 人以下　　（2）100～500 人　（3）500 人以上

二、企业管理机制方面，请根据您同意的程度，选择相应的数字。

（1＝非常不同意，2＝不同意，3＝无意见，4＝同意，5＝非常同意）

1. 职位晋升机制设计公平合理。（　　　）

2. 企业的薪酬对员工来说很有吸引力。（　　　）

3. 对员工意见建议的听取和反馈很及时。（　　　）

4. 个人的价值观与企业价值观相同。（　　　）

5. 我对现在所从事的工作非常感兴趣。（　　　）

6. 企业很注重对员工的关怀。（　　　）

7. 企业进行的培训对员工帮助很大。（　　　）

8. 可以经常与其他部门的员工接触。（　　　）

9. 我很认同同事们的工作状态并希望融入他们。（　　　）

10. 企业具有高效的沟通渠道且渠道多元化。（　　　）

11. 现在所从事的工作使我很有成就感。（　　　）

12. 企业时常就薪酬福利机制与员工沟通。（　　　）

13. 我在工作中可以学习很多新知识。（　　　）

14. 领导经常指导我的工作。（　　　）

15. 企业制订了年度培训计划。（　　　）

16. 企业的晋升机制能很好地激发员工的积极性。（　　　）

17. 我对工作环境感到非常满意。（　　　）

18. 现在所从事的工作很稳定。（　　　）

三、工作满意度方面，请根据您满意的程度，选择相应的数字。

（1 = 非常不满意，2 = 不满意，3 = 无意见，4 = 满意，5 = 非常满意）

1. 企业现在的管理制度非常科学合理。（　　　）

2. 我很难认同企业的一些政策。（　　　）

3. 我对领导的管理方式感到满意。（　　　）

4. 我现在的职位使我很有面子。（　　　）

5. 我对企业的培训非常满意。（　　　）

6. 我和同事的关系非常融洽。（　　　）

7. 我对现在工作的晋升机会感到满意。（　　　）

8. 目前所从事的工作可以充分激发我的能力。（　　　）

四、个人因素、社会因素和离职倾向方面，请根据真实的想法选择相应的数字。

（1 = 非常不同意，2 = 不同意，3 = 无意见，4 = 同意，5 = 非常同意）

（一）个人因素

1. 工作单位与家距离太远。（　　　）

2. 家人都非常支持我的工作。（　　　）

3. 我为自己制定了职业生涯规划。（　　　）

4. 我性格内敛，喜欢稳定的工作，不会轻易跳槽。（　　　）

5. 工资是我主要的经济来源。（　　　）

（二）社会因素

6. 我很适应咸宁的文化、气候、饮食习惯、生活节奏等。（　　　）

7. 外部有更好的工作机会。（　　　）

8. 道路拥堵，交通不便。（　　　）

9. 思想观念落后、信息闭塞。（　　　）

10. 咸宁市的经济文化发展水平很高。（　　　）

（三）离职倾向

11. 我经常想要辞去目前的工作。（　　　）

12. 我经常通过各种渠道寻找新的工作。（　　　）

13. 如果有其他更好的工作，我会立即跳槽。（　　　）

14. 如果公司的经营状况持续恶化，我将会离开公司。（　　　）

15. 促使您离职的首要原因是：（　　　）

    A. 追求更好的发展前景

    B. 企业没有对您作出合适的职业生涯规划

    C. 企业不能提供良好的培训，个人提升空间不大

    D. 晋升机会少

    E. 行业地位不高，得不到尊重

    F. 企业文化建设不足，工作没有归属感

    G. 工资低，福利差，薪酬待遇不好

    H. 工作量大，经常加班，压力大

    I. 工作环境差

    J. 没有良好的激励机制

    K. 其他

由衷感谢您的配合！谢谢！

企业人才匮乏发生机制调查问卷

您好！感谢您在百忙之中抽出时间填写此次问卷。

本次问卷致力于探讨企业人才匮乏的发生原因、发生要素、发生过程及最终结果，目的是检验企业人才匮乏发生机制模型的合理性。本次问卷我们采用匿名调查的方式，对您所填的信息将严格保密，所有调查信息仅供本次研究使用，请您放心做答。谢谢您的合作。

一、基本信息

1. 性别：□男；□女

2. 婚否：□已婚；□未婚

3. 年龄：□20～30 岁；□31～40 岁；□41～50 岁；□50 岁以上

4. 学历：□中专及以下；□大专；□本科；□硕士；□博士及以上

5. 工作年限：□1 年以内；□1～3 年；□4～6 年；□7～10 年；□10 年以上

6. 公司所属行业：□制造业；□贸易与商业；□服务业；□高新科技产业；□其他

7. 您所在的企业或您之前工作过的企业是否存在人才匮乏的状况？□是；□否

二、企业人才匮乏的原因

您认为，以下因素对本企业人才匮乏影响的重要程度如何？

请根据个人看法，从"1 = 非常不重要""2 = 不重要""3 = 一般""4 = 重要""5 = 非常重要"5 个选项中选出你认为适合的选项。

1. 个人方面因素

	1	2	3	4	5
（1）没有合适的外部机会					
（2）家庭经济压力及家人的思想观念					
（3）无法承受工作带来的压力和挑战					
（4）将目前的工作作为跳槽的跳板					
（5）与自身的职业发展规划不符					
（6）达不到期望的薪资待遇					

2. 企业方面因素

	1	2	3	4	5
（1）企业实力弱					
（2）薪资待遇和福利差					
（3）管理制度不健全					
（4）企业不同的发展阶段					
（5）"家族式企业"管理方式					
（6）企业文化氛围不好					
（7）领导者个人魅力不足					

3. 社会方面因素

	1	2	3	4	5
（1）经济转型升级加剧人才需求					
（2）政府指导不足					
（3）传统的社会就业观念					
（4）法律法规不完善					

三、企业人才匮乏的发生过程

以下部分用于调查企业人才匮乏的发生过程。请根据个人看法，从"完全不符合=1""多数不符合=2""部分符合=3""多数符合=4""完全符合=5"5个选项中选出您认为适合的选项。

		1	2	3	4	5
人才离职行为过程	（1）以上的全部或部分原因会让我内心不满，产生生气、忍受、吐槽、抱怨等行为					
	（2）以上的全部或部分原因会让我内心不满，使我对企业的积极性、认同感和信任度都有所降低，从而产生离职意向					
领导信任瓦解过程	（3）领导任人唯亲，加上有时领导的亲人嫉妒、说坏话，导致领导对我的信任度不高，从而产生心理防范、不委以重任、不放权等行为					
	（4）领导的以上行为会使我感到很不公平，让我产生离职意向					
团队人才流失过程	（5）有时候，团队凝聚力和团队情感纽带使得成员对我很信服，也愿意追随我					
	（6）有时候，因为我的离职，团队成员愿意跟随我一同离职					
组织人才短缺过程	（7）本企业对人才的吸引能力有限，其他大型企业、国有及外资企业等对人才吸引力大，导致本企业对人才的吸引力不足					
	（8）本企业对人才投入的资金、时间不足，需要人才短期创造利益，几乎不储备人才，随需随招，导致本企业对人才的储备不足					

四、企业人才匮乏的最终结果

以下部分用于调查企业人才匮乏的最终结果。请根据个人看法，从"完全不符合 = 1""不符合 = 2""一般符合 = 3""符合 = 4""完全符合 = 5"5 个选项中选出您认为适合的选项。

	1	2	3	4	5
（1）我会因为以上一些原因或事情选择离职					
（2）有时候，团队中关键人才的流失可能导致整个团队成员的流失					
（3）企业有可能因为以上原因或状况形成人才短缺					
（4）长期人才资源分布不均和人才需求更加迫切可能会形成长期的人才匮乏					

五、企业组织吸引力部分

请根据您的经历或意愿选择什么样的企业对您的就业更有吸引力。请勾选符合您个人判断的选项，"1"表示"非常不符合"、"2"表示"不符合"、"3"表示"不确定"、"4"表示"符合"、"5"表示"非常符合"。

	1	2	3	4	5
（1）工作中能够充分发挥个人才能并实现自我价值					
（2）企业能帮助员工明确个人职业发展规划、发展定位					
（3）从事的工作具有一定的挑战性					
（4）从事的工作使自己进入更高平台的机会不多					
（5）工作环境需要在一定程度上收敛自己的个性					
（6）工作中能获得一定的地位并受到尊敬					
（7）在企业中能感觉到归属感					

	1	2	3	4	5
（8）能够增强自己的自信心					
（9）保持工作及待遇的稳定					
（10）工作时间具有一定的弹性					
（11）工作环境及设施设备条件比行业内一般水平高出很多					
（12）工作可能与家庭生活发生冲突					
（13）领导者关心职工并重视与下属的交流					
（14）企业内部公平竞争且无个人偏袒或特权					
（15）工作能为我创造新的社交圈					
（16）工作竞争意识浓厚，同事间业务经验交流较少					
（17）企业历史较久，在行业中属于龙头企业					
（18）企业发展前景好					
（19）企业应对外部环境变革的速度较慢					
（20）企业能及时抓住市场机遇					